イチバン親切な

ソーイングの教科書

ミシンで上手に縫う、きれいに仕上げるコツを解説。
豊富な手順写真で失敗ナシ！

CONTENTS

基本のソーイング用語 …………… 6

1章　ミシンのこと

1　ミシン選びのポイント …………… 8

2　ミシンの用途と種類 …………… 10

3　道具と材料 …………… 12
　　どうしても必要な道具と材料 ………… 12
　　作品を作るときに必要な道具と材料 …… 14
　　あると便利な道具と材料 …………… 16

4　ミシンのパーツの名称と役割 …… 18

5　ミシンかけの準備 ……………… 20

2章　布地の準備

1　布地のこと ……………… 26
　　布地の名称 ……………… 26
　　布幅 ……………… 26
　　地直し ……………… 27

2　布地の種類 ……………… 28
　　布地の性質 ……………… 28

3　接着芯のこと ……………… 34
　　接着芯の種類 ……………… 34
　　接着芯の貼り方 ……………… 35
　　伸びどめテープの貼り方 ……… 36

4　型紙の用意 ……………… 38
　　型紙のパーツの名称 ……………… 38
　　型紙を作る ……………… 40
　　　1　型紙に印をつける ………… 40
　　　2　ハトロン紙をのせて写す …… 40
　　　3　型紙に情報を書き入れる …… 41
　　　4　型紙を切る ……………… 41
　　布を裁つ ……………… 42
　　　1　型紙を配置する ……………… 42
　　　2　縫い代をつける ……………… 42
　　　3　裁断する ……………… 43
　　　4　印をつける ……………… 44

5　まち針の打ち方としつけのかけ方 … 46
　　まち針の打ち方 ……………… 46
　　しつけのかけ方 ……………… 47
　　置きじつけの仕方 ……………… 47

3章　ミシン縫い　10の基本

1　直線を縫う……………………… 50

2　裁ち端と縫い代の始末 ………… 54
　裁ち端の始末
　　1　ジグザグ縫い ………………… 54
　　2　裁ち目かがり ………………… 54
　　3　ロックミシン ………………… 55
　　4　端ミシン ……………………… 56
　2枚の布を合わせたときの縫い代の始末
　　1　縫い代を割る ………………… 56
　　2　縫い代を片側に返す（片返し）…… 58
　　3　くるんでジグザグミシンで押さえる…… 59
　　4　折り伏せ縫い ………………… 60
　　5　袋縫い ………………………… 61
　1枚の布の縫い代の始末
　　1　二つ折り ……………………… 62
　　2　三つ折り ……………………… 63

3　カーブを縫う ………………… 64
　外カーブ（凸曲線）……………… 64
　厚地の外カーブ（凸曲線）……… 66
　小さな連続するカーブ ………… 67
　内カーブ（凹曲線）……………… 68
　外カーブ（凸曲線）と内カーブ（凹曲線）を
　縫い合わせる …………………… 70

4　角を縫う ……………………… 74
　凸角 ……………………………… 74
　●凸角を縫ったあと、角を返す …… 75
　とがった角 ……………………… 77
　●表に返した角にステッチをかける …… 79
　凹角 ……………………………… 80
　●力布（補強のためのあて布）をする場合…… 81
　凸角と凹角を縫い合わせる …… 82
　額縁を縫う ……………………… 85

5　立体に縫う …………………… 88
　直線と角 ………………………… 88
　大きなカーブと角 ……………… 90
　直線と小さなカーブ …………… 91
　マチを作る
　　①三角マチ ……………………… 92
　　②三角のマチが表側に出るタイプ …… 93
　　③たためるマチのタイプ ………… 95

6 縁の始末 …………………………… 96
バイアステープを作る ……………… 96
バイアステープをつなげる ………… 97
バイアステープメーカーを使う …… 98
直線の縁どり ………………………… 99
外カーブ(凸曲線)の縁どり ……… 100
内カーブ(凹曲線)の縁どり ……… 101
凸角の縁どり ……………………… 102
凹角の縁どり ……………………… 106
市販のバイアステープを使う …… 108
市販のパイピングテープ(細いコードをくるんだ布)を使う ……………… 109
ふき出し …………………………… 110

7 ファスナーのつけ方 …………… 112
ファスナーの種類と各部の名称 …… 112
フラットニットファスナーのつけ方 …… 113
コンシールファスナーのつけ方 …… 116

8 ひもの作り方とつけ方 ………… 122
ひもを作る
●折りたたんで作るひも ………… 122
●縫い返して作るひも …………… 123
通し口を作る
●通し口を表から見えない位置に作る …… 124
●通し口を表から見える位置に作る …… 125
●ボタンホールで作る通し口 …… 126
バッグに持ち手を作る …………… 127
ループを作る ……………………… 128
幅広のテープで持ち手を作る …… 128
芯を入れたループを作る ………… 129

9 ギャザー、タック、ダーツを縫う …… 130
ギャザーを縫う …………………… 130
タックを縫う ……………………… 132
ダーツを縫う ……………………… 133

10 スラッシュあきを縫う ………… 136
スラッシュあきを作る …………… 136

もっと知りたい　ミシン縫いのいろいろ

カーブの縫い代をきれいに仕上げる
　　しつけミシンで縫い、いせる ……… 138
　　三つ折りにする ………………… 139
　　しつけミシンをかけて三つ折りにする … 139
　　バイアステープを使って始末する …… 140

レース・テープをつける
　　レースをつける ………………… 141
　　山道テープ・ポンポンテープをつける … 141
　　山道テープをカーブさせてつける …… 142
　　花のテープをカーブさせてつける …… 142
　　衿にレースをつける ……………… 143

4章　ミシンで縫ってみよう
1　バケツ型のミニバッグを縫う ……… 146
2　子どものワンピースを縫う ………… 149

ソーイングQ&A
Q1　ミシンを買うときや故障したときの
　　相談はどこにすればいいの？ …… 24
Q2　ウールの縫い代をアイロンで
　　上手に割るには？ …………… 24
Q3　柄布の場合の糸の選び方は？ …… 37
Q4　飾り用のミシン糸はありますか？ … 37
Q5　方向性のある柄の型紙の配置で
　　注意することはある？ ………… 45
Q6　ラミネート加工をしてある布の
　　印つけは？ ………………… 45
Q7　フレアースカートをきれいに縫うこつは
　　ある？ ……………………… 73
Q8　ステッチを入れて作品を仕上げるときの
　　アドバイスを ………………… 73
Q9　フェイクファーや毛皮をはぎ合わせるとき
　　はどうしたらいいの？ ………… 121

索引 ……………………… 156

スタッフ

撮影…村尾香織
ブックデザイン…斉藤奉子
DTP……斉藤奉子
イラスト…たきがわ しずる　斉藤奉子
編集協力…河井舞子　和久井康子
企画・編集…新星出版社

基本のソーイング用語

始めるときに知っておきたい基本的なソーイング用語を解説します。

- **あきどまり**…あき部分の終わり。「ここまであける」ということを示している。
- **いせる**…布に立体的な丸みを出す方法。粗めのミシンで縫ってからギャザーが寄らない程度に糸を引いて丸みやふくらみを出すこと。
- **後ろ中心**…服の後ろ側の中心のこと。型紙ではＢＣと記されることが多い。
- **上糸**…ミシンは上糸と下糸の2本の糸がからみ合って縫い進む。上糸はミシンの上側にかけて、針に通すほうの糸のこと。
- **衿ぐり**…首に沿った部分のこと。
- **落としミシン**…縫い代を落ち着かせて、補強をするために縫い代のきわに表からミシンをかけること。
- **折り代**…布端の折り曲げる部分のこと。
- **返し口**…縫った布を表に返すために、縫わずに残しておく部分。布を表に返したあと、表からミシンか手縫いで縫い閉じる。
- **返し縫い**…縫い始めと縫い終わりを丈夫にするために、3～4針重ねて縫うこと。
- **裁断**…布を切ること。
- **下糸**…ミシンは上糸と下糸の2本で縫い進むが、下糸はボビンにセットして使うほうの糸。
- **しつけ**…本縫い（作品を仕上げるために縫うこと）の前に縫い目や折り目がずれないように、仮に縫いとめること。
- **実物大型紙**…でき上がりと同じ寸法の型紙のこと。
- **ショルダーポイント**…上腕のほぼ中心になる肩先の点。型紙ではＳＰと記されることが多い。
- **ステッチをかける**…縫い代を安定させるために表から縫ったり、布と違う色の糸などを使って飾り縫いをすること。
- **外表**…2枚の布の裏と裏を内側にして合わせること。
- **裁ち端**…裁断した布の切り口のこと。ほつれないように処理をする必要がある。
- **試し縫い**…本縫いをする前に、使用する布のはぎれで縫い目の状態を確かめること。
- **力布**…力のかかる部分に裏から布をあて、表布を補強すること。あて布ともいう。
- **共布**…表布と同じ布。
- **中表**…2枚の布の表と表を内側にして合わせること。
- **縫い代**…2枚の布を縫い合わせるときの縫い目から布端までのこと。
- **ネックポイント**…衿ぐりと肩の線が交わった点のこと。型紙ではＮＰと記されることが多い。
- **ノッチ**…縫い代にはさみで小さく切り込みを入れてつける印。
- **プリーツ**…スカートなどに寄せるひだのこと。
- **前中心**…服の前側の中心のこと。型紙ではＦＣと記されることが多い。
- **股上と股下**…股上はズボンの股の分かれ目より上の部分、股下はズボンの股の分かれ目より下の部分。
- **まつり縫い**…縫い目が目立たないように布端をとめる縫い方。ズボンやスカートの裾上げによく使う。
- **見返し**…布端の処理や補強のため、ブラウスなどの前合わせの裏や、衿ぐりや袖ぐりの裏側につける布のこと。別裁ち見返しは身頃と別に裁断し、縫い合わせた見返しのこと。
- **身頃**…服で上半身を包む部分のこと。身頃の前側が前身頃、後ろ側が後ろ身頃。
- **持ち出し**…ウエストベルト、ファスナーなどのあきの部分に、布が重なるようになる部分。

道具・材料協力

クロバー（株）
大阪府大阪市東成区中道3-15-5
☎ 06-6978-2277（お客様係）
URL　http://www.clover.co.jp/

オカダヤ新宿本店
東京都新宿区新宿3-23-17
☎ 03-3352-5411
URL　http://www.okadaya.co.jp/

本書で紹介している道具と材料でクロバー（株）の商品は⑦、オカダヤ新宿本店の商品は㊗と記しています。また、とくに断りのない糸、針、ファスナーはすべてオカダヤ新宿本店の商品です。

取材・撮影協力

ソーイングセンターＪＯＹ東京営業本部
（ミシンの販売・修理・リサイクル）
東京都立川市高松町2-17-32
☎ 0120-71-4651
URL　http://www.mishin-joy.co.jp/

1章

ミシンのこと

1 ミシン選びのポイント

ミシン生活をスタートするには、まずミシン選びから。次にあげる選び方のポイントを参考にして、自分に合うミシンを見つけてください。どんなタイプがほしいか決まったら、実際にミシンをチェックしましょう。

 **POINT 1　何を作りたいのかはっきりさせる**

カタログを集めたり、インターネットで検索すると、ミシンの種類が多すぎて迷ってしまいがち。まずは、ミシンで何を作りたいのかを整理してみましょう。たとえば、バッグなどの小物を作りたいのか、ミシンで刺しゅうがしたいのか、あるいは本格的に洋裁をやってみたいのか。作りたいものによって、選ぶミシンがおのずと決まってきます。また、機能性の高いミシンほど価格も高めです。目的や用途をはっきりさせてから、ミシン選びをスタートさせましょう。

ちょこちょこ小物を作りたい派

ランチ袋、トートバッグ、エプロンなどの小物を作りたい

↓

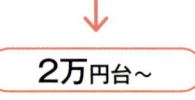 2万円台〜

大物作りまで楽しみたい派

洋服やカーテン、テーブルクロス、ベッドカバーなどのインテリア小物を作りたい

↓

10万円前後

本格的な洋裁を続けていきたい派

ウールやシルクなど素材にもこだわって本格的な洋裁をしたい

↓

 20万円前後

 **POINT 2　親切な店員さんがいるお店を探す**

購入した後は、操作法についてわからないことが出てきたり、ときにはメンテナンスも必要になります。そんなとき気軽に相談でき、親切にアドバイスしてくれる店員さんや専属のミシンアドバイザーがいるお店を見つけておくと安心です。せっかく購入したのに使いこなせず、押し入れの中に入れっぱなしになったら残念です。

POINT 3 　仕組みや機能をチェックする

フットコントローラーがついている

ミシンの操作法には、スタートとストップをボタンで行う方法と、フットコントローラーを使う方法の2種類があります。フットコントローラーがあれば、手でボタンを押す作業がないので、両手で布を扱うことができ、安定した状態でミシンをかけられます。とくに初心者にはおすすめします。フットコントローラーがついていない機種は、オプションで購入できるかどうか確認しましょう。

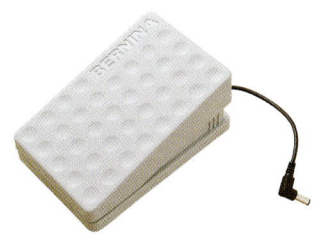

ボビンの形状が一般的なもの

ボビンとは、下糸を巻きつける糸巻きのこと。ミシン糸を替えるときにスペアが多いほど便利です。ミシンの機種によっては、使用するボビンの穴の直径や高さなどが一般的な形状ではない場合があります。とくに外国製のミシンを選ぶ場合は、ボビンの形状が特殊なものでないか、手に入りやすいかどうかをチェックして。

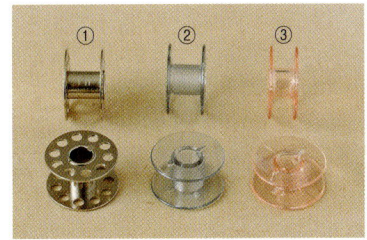

①はボビンケースが必要なタイプ（半回転・家庭用）、②は厚型（水平釜用プラボビン）、③は薄型（水平釜用プラボビン、すべて㋐）。

ジグザグ縫いの幅の調節などができる

返し縫いができる機能がついているか、縫い目の長さを調節できるかどうかを確認しておきましょう。ジグザグ縫いの機能はもちろん、ジグザグ縫いの横幅（振り幅）や、ジグザグの山から山までの長さを2段階以上調節できるかどうかもポイント。

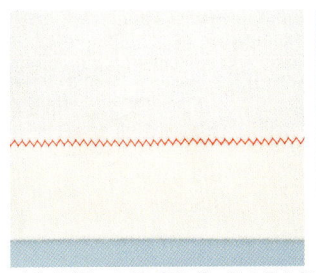 

ジグザグ縫いの振り幅や縫い目の長さを変えて縫ったもの。右は振り幅を大きめにして、ジグザグ縫いをデザインポイントにしている。

本格派をめざすなら水平釜より垂直釜

ミシンには水平釜と垂直釜の2種類があります。家庭用のミシンは水平釜が主流で、ボビンケースが本体に内蔵されているため、セットが簡単。さらに下糸の残り具合もひと目でわかります。一方垂直釜は、ボビンケースを使ってボビンをセットしますが、上糸と下糸をしっかりからめて縫い合わせるので、縫い目の仕上がりが安定します。本格的にソーイングをやりたい人や洋裁のプロをめざす人には垂直釜のミシンがおすすめです。

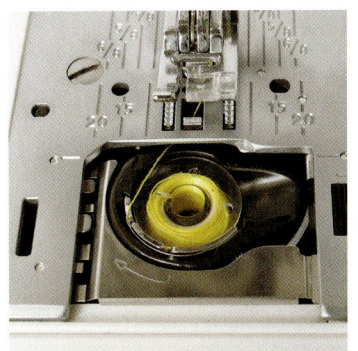 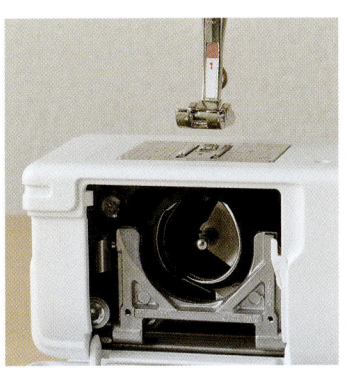

水平釜はボビンのセットが簡単。下糸の残り具合もわかりやすい。　　垂直釜はボビンケースを使用。安定した縫い目になる。

2 ミシンの用途と種類

ミシンはコンパクトで収納しやすい家庭用のものから、専門的な職業用、量産できる工業用までさまざまです。それぞれ特徴が異なるので、用途に応じて選びましょう。

作品の幅を広げたい人、
本格的な洋裁をやりたい人向け
家庭用コンピュータミシン

コンピュータを内蔵し、針の上下運動から糸調子や縫い目の調整まで、すべてコンピュータで制御しています。ボタンを押すだけでさまざまな操作ができ、パワーがあるので縫い目が安定しています。刺しゅうや模様縫いなどもできるので、作品の幅を広げたい人や、本格的に洋裁をやりたい人におすすめです。

初心者にもおすすめ
家庭用電子ミシン

糸調子や縫い目の調節などを、ダイヤルを回してそれぞれ設定します。オートボタンホール機能やジグザグ縫いができる機能があり、ある程度厚みのあるものまで縫えるので、初心者にもおすすめ。バッグやポーチ、エプロンなどの小物、シンプルなデザインの服を手作りしたいという人に向いています。

職業用ミシン

直線縫い専用のミシンで、ジグザグ縫いや刺しゅうなどの機能はありません。家庭用ミシンよりもパワーがあるので厚手の生地も簡単に縫うことができ、縫い目もきれい。縫製を仕事にしている人や、洋裁を専門的に学んでいる学生などが使っています。

ニーリフト

手を使わずにひざで操作して、押さえ金を上下に動かすことができます。

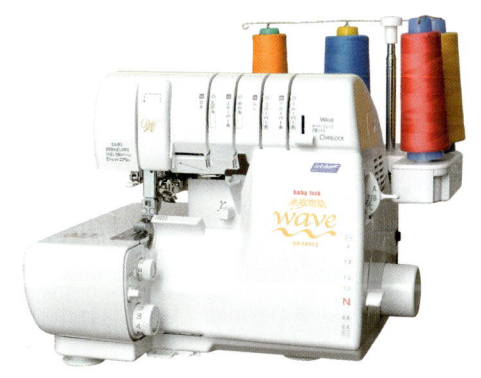

ロックミシン

縁かがり専用のミシンで、1〜2本の針に対して2〜4本の糸を使います。余分な布をカットしながら縫っていくので、布端の始末が既製品のようにきれいに仕上がります。また、縫い目が編んだ状態になるため、ニット縫製にも適しています。ロックミシンだけを使って洋服を縫うこともあります。

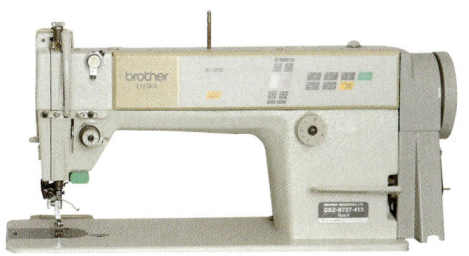

工業用ミシン

既製服を量産するために作られたミシン。直線縫い用だけでなく、ボタンホール用、刺しゅう用、ニット用など、一機種につき一つの機能を備え、スピードと耐久性にすぐれています。現在では複雑な動作をする部分が電子化された機種もあります。

こんなミシンも！

手縫いのような縫い目ができるミシン

ハンドステッチのような縫い目ができるミシン。裏の縫い目は普通のミシンと同じです。刺し子風の作品に仕上げたいときにおすすめ。

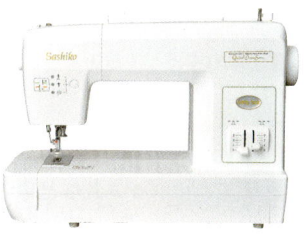

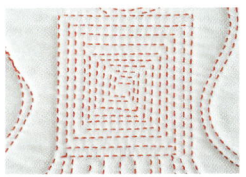

表は手縫いをしたような縫い目

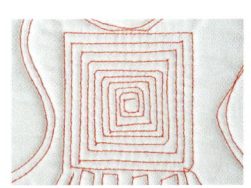

裏は普通のミシン縫いと変わりません。

1章 ミシンのこと　ミシンの用途と種類

3 道具と材料

ミシンでソーイングを楽しむには、ミシンのほかにそろえなければならない道具や材料があります。どうしても必要な道具や材料から、あれば役立つ便利なグッズまで集めてみました。

どうしても必要な道具と材料

ミシン糸とミシン針

ミシン糸とミシン針は布の厚さに合わせ、薄い布には細い糸と針、厚い布には太い糸と針を使うのが基本。糸と針が布に適していないと、目飛び、糸切れなどのトラブルの原因になりかねません。布の厚さに合った糸と針を選びましょう。太い糸で縫うときは縫い目の長さを長めに、細い糸で縫うときは縫い目の長さを短めにすると、仕上がりがきれいです。

●ミシン糸

木綿糸、絹糸、ポリエステル糸などがありますが、色数が多く、丈夫なポリエステル糸がおすすめです。布の色になるべく近い色の糸を使い、柄布の場合は地の色、もしくは分量の多い色で、なるべく目立たない色を選びます。一般的な縫い合わせに使う糸の太さは90・60・30番で、番号が大きいほど薄地向けです。ミシン糸は年数とともに劣化するので、よく売れているお店で購入しましょう。

●ミシン針

家庭用、工業用、ロックミシン用などがあるので、ミシンに合った針を用意します。よく使われるのは9・11・14・16番で、ミシン針は糸とは逆に、番号が小さいほうが細くなります。針が折れたり、曲がったりしてしまったときのために、予備の針も用意しておきましょう。

薄地
（ハンカチ程度の厚さ）

デシン、オーガンジー、シフォン、ジョーゼット、ガーゼ、ローンなど →

 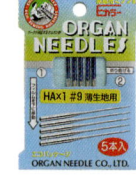

90番　　9号

普通地
（ワイシャツや木綿のブラウス程度の厚さ）

シーチング、ギンガム、サッカー、ツイル、ポプリン、フリースなど →

 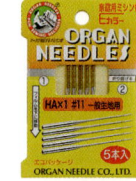

60番　　11号

厚地
（ジーンズ程度の厚さ）

デニム、太うねコーデュロイ、帆布、厚手ナイロンなど →

 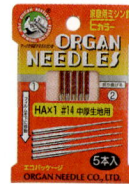

30番（または60番）　14号（または16号）

ニット・デニムのジーンズなどの場合

ニットやストレッチクロスなどの伸びる布には、伸縮性のあるナイロン糸（50番）と専用の針を使うとよいでしょう。デニムのジーンズなどの厚地の場合は30番の糸と、専用の針を使います。

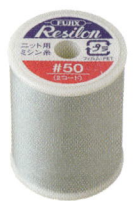 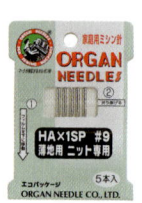  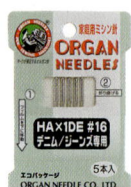

ニットなどの伸縮地用の50番の糸と専用の針。　　厚地のデニムなどに使用する30番の糸と専用の針。

ボビン

ボビンは下糸を巻きつける道具。ミシン縫いでは必ず使います。機種によってはそのミシン専用のボビンが必要になるので、しっかり確認しておきましょう。ボビンには金属製とプラスチック製があります（→p.9）。

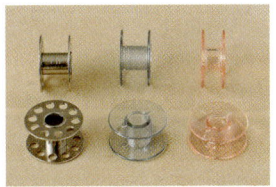

左は金属製・中央と右はプラスチック製(p.9参照)。

下糸はボビンに巻いて使う。

裁ちばさみ

洋裁専用の布を切るはさみで、長さが24cmのものが一般的。厚地のコートやドレスなどの大物を作る場合は、長さが26cmのものが使いやすいでしょう。水にぬらしたり、布や糸以外の紙などを切ると、切れ味が落ちます。刃を研いでくれる洋裁道具専門店もあるので、切れが悪くなったら相談しましょう。

(左・長さ24cmの洋裁専用のはさみ、右・長さ26cmの洋裁専用のはさみ「庄三郎」㋕)

めうち

ミシン縫いで布を送り込むときや布の角を整えるとき、縫い目をほどくときなど、めうちは細かな作業に大活躍します。一つで何役もこなすので、用意しておくと便利です。置いたときに転がらないタイプが使いやすいでしょう。

●印をつける

ボタンホールやポケットの位置などは、めうちを型紙の印に打ちます。

穴があくので、わかりやすい印になる。

●布送りの補助

縫い合わせるときはもちろん、ギャザーを縫うときやファスナーをつけるとき、めうちで布を押さえながら縫うと、ミシンをかけやすくなります。

2枚の布をめうちで押さえるときれいに縫える。

●角を整える

縫い合わせた布を表に返して角を引き出すときに使います。めうちで角の布を引っ張ると縫い代がほつれてしまうので、押し出すようにして形を整えるのがポイント。

角を表に返したところ。

めうちの先で押し出すようにして形を整える。

きれいな角のでき上がり。

1章 ミシンのこと　道具と材料

作品を作るときに必要な道具と材料

型紙作り・印つけのとき

鉛筆（またはシャープペンシル）　はさみ（紙切り専用）　消しゴム

鉛筆と消しゴムは型紙を紙に写しとるときに使います。シャープペンシルは一定の太さで線が引けるので便利。型紙を切るときは必ず紙切り用のはさみを使います。

チャコペンシル　　チャコペン

布に印をつけるときに使います。チャコペンシルは水を含ませた布で印が拭きとれるタイプがおすすめ。チャコペンは水で消える、時間がたつと自然に消える、専用のペンで消えるなどのタイプがあります。細字用より太字用のほうが、印がはっきり見えます（チャコペル水溶性3本セット⑦、水性チャコペン青・消しペン付⑦）。

布用複写紙

型紙を布に写すときに使います。布の間にはさみ、上からルレットを転がすと印がつきます。霧吹きで水を吹くと、布に写した線が消えるタイプが便利（クロバーチャコピー両面クリアタイプ⑦）。

ルレット

布用複写紙と一緒に使います。2枚の布を外表に合わせ、布用複写紙をはさみ、型紙の上に歯車を転がして印をつける道具。刃先の丸いタイプ（左）ととがったタイプ（右）があり、丸いタイプのほうが布や紙を傷めずにすみます（Nソフトルレット、Nルレット⑦）。

○ 人差し指を添えて、ルレットを持ちます。

× 柄を握ると、ラインがスムーズに引けません。

ハトロン紙　　製図用紙

型紙を写しとるときに使う薄い紙。ハトロン紙（左）はザラザラしている面を上にして使います。5cm方眼を印刷した製図用紙（右）は直角、直線がきれいに引けます。どちらも折り目のないロールタイプを使うと、線が引きやすく、むだがありません。

方眼定規

測ったり、線を引くときには必ず定規をあてます。この定規は縫い代によく利用する1〜1.5cmの平行線と、1.2cmの平行線が入っているので便利。曲げるとゆるいカーブの寸法も測れます。柄入りの布や濃い色でも目盛りが読みとれるように、一部分が緑色になっています。50cmのものが洋裁向き（方眼定規⑦）。

採寸・ミシン縫い・手縫いのとき

アイロン　霧吹き

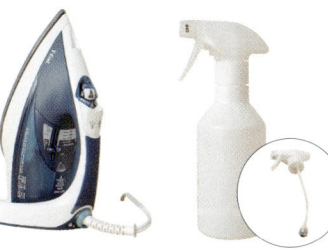

アイロンは頻繁に使います。スチームは仕上げや地直し（→p.27）に。指先を使う細かい作業のときは、ドライで。霧吹きは細かい霧が出るタイプを使いましょう。写真のようにボールつきだと、どちらに傾けても最後まで霧が出ます。

アイロン台

アイロン台はシンプルな四角いタイプのほうが使い勝手がよいでしょう。しまいやすく、取り出しやすいものを選びましょう。カバーをかけて使い、汚れが目立ってきたら新しいカバーに替えます。

手縫い針

しつけをかけるときや、まつり縫いなどをするときに使います。普通地用、厚地用など何種類かそろえておき、布や作業に合わせて使いやすいものを選びましょう（ニードルコンパクト「ソーイングタイプ」㋐）。

まち針

重ねた布がずれないよう、仮止めをするときに使います。ピンの頭が小さめで、アイロンの熱で溶けることのないガラス製のものが使いやすく、おすすめです（シルク待針㋐）。

メジャー

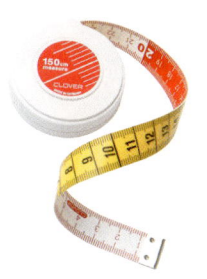

採寸やカーブの線を測るときに使用します。1.5mぐらい測れるものを用意しましょう。10cm単位がひと目でわかるように、色分けしてあるタイプもあります（色分けオートメジャー㋐）。

しつけ糸

しつけをかける専用の糸で、手縫い糸よりも撚りのゆるい糸。輪で束ねられているので1カ所を切り、使うときは1本ずつ引き抜きます（しつけ糸㋖）。→p.46

ピンクッション

磁力で針をキャッチしてくれるマグネット式がおすすめ。ミシンのそばに置くと便利です（マグネットピンクッション㋐）。手作りする場合、ココット皿を土台にすると、安定します。

指ぬき

手縫いのとき、針を持つほうの中指の第一関節と第二関節の間あたりにはめます。指ぬきの溝に針の根元をあてて押しながら縫います。慣れてくると、作業がスムーズに進みます。上は扱いやすいフリーサイズ。
→p.48

あると便利な道具と材料

手縫い糸

手縫いをするときに使います。いろいろな太さや種類があるので目的に応じて選びましょう（手縫い糸㋑）。

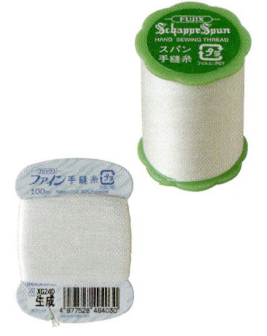

ウエイト

布の上に型紙を置いて裁断したり、印をつけたりするとき、布と型紙がずれないように押さえます。左のようにカーブしている製品だと、袖ぐりや衿ぐりの曲線を引くときにも使えます（ファブリックウエイト㋐）。小さめで平らなお菓子の空き缶に、石や小銭などを詰めたもので代用してもOK。

仕上げ馬

脚のついた細長いアイロン台。袖やスカートなどの筒になった部分にアイロンをかけるときに使います。浮かせて差し込める形なので、作品を立体的に仕上げるために欠かせません（アイロンボード9号㋑）。

バイアステープメーカー

金具の広い口から布を通してアイロンをあてるとバイアステープが簡単にできます。熱接着テープつきのバイアステープも作れます（テープメーカーW㋐）。→p.98

ループ返し

ループ用に縫った布の間に通し、先端のフックに布端を引っかけて引き抜くと、簡単に表に返すことができます。毛糸を中に入れ込むと、やわらかな芯が入ったループができます（ループ返し㋐）。→p.128

ほつれどめ

布を裁断したときやボタンホールをあけたとき、裁ち目のほつれをとめるために使います。接着性がなく、つけたあとの乾きが早いもの、また洗濯をしても効果が弱まらないものが便利です。

糸通し

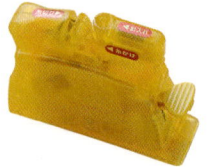 

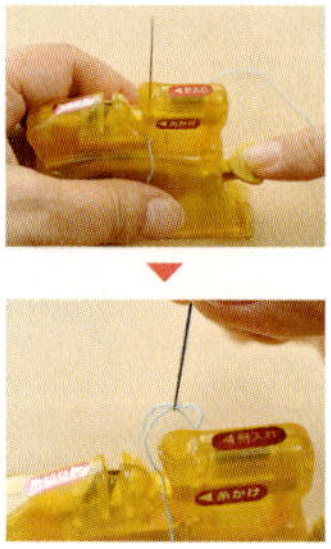

針と糸をセットし、軽く手で糸を支える。

糸が通った針を上げ、ループを引いて使う。

縫い針と糸をセットすると、ボタンを押すだけで糸が簡単に通せます（デスクスレダー㋐）。

熱接着糸

糸状になっている熱接着剤。ポケットやアップリケ、ファスナーやずれやすい布などを縫うとき、間にはさんでアイロンをかけ、仮どめします（メルター㋑）。

ひも通し

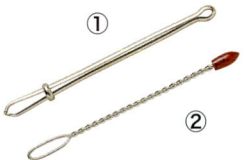

ひも通しには、ゴムやひもをはさみ込んで使うもの（①）と、輪の部分に通して使うもの（②）があります（ひも通し2本差し㋐）。

①はさむタイプ
ゴムをはさむだけなので操作が簡単。丸いゴムや太いひもを通すときに。

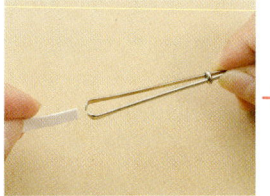

ゴムの端を1cmぐらいはさむ。

リングを動かしてゴムが動かないようにとめる。

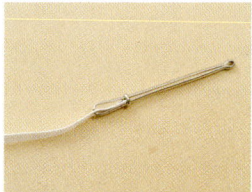

右側からゴムを通す穴に入れる。

②輪の部分に通すタイプ
ゴムは必要な長さ＋1.5cmぐらい用意。途中で抜けることなくしっかり通せます。平らなゴムやリボンを通すときに。

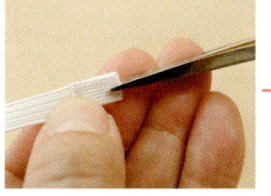

ゴムを折り、中央をはさみで少し切って穴をあける。

ひも通しの輪の部分にゴムを入れる。

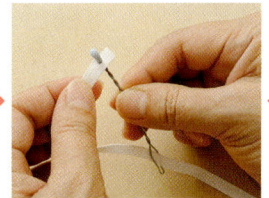

ガラス玉の部分を穴に入れ、ゴムを引く。

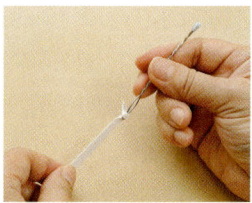

輪の部分までゴムを引く。

リッパー

はさみでは切りにくい縫い目やボタンの糸を切るとき、ボタンホールの穴をあけるときに使います。生地を傷めないよう、小さな玉がついています（Nリッパー㋐）。

縫い目の糸を切る
しつけミシンの糸をほどくとき、縫いどまりを1目だけ切るときなどに使います。

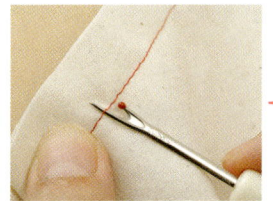

長いほうの先を糸の下に差し込む。

アールの部分でカットする。

縫い目をほどく
リッパーで1目をすくって切ってから抜きます。

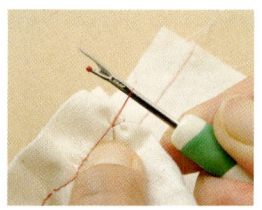

柄の部分まで糸の下に差し込み、糸を引く。

ボタンホールの穴をあける
はさみやノミを使うよりも失敗が少なく、きれいにあけられます。

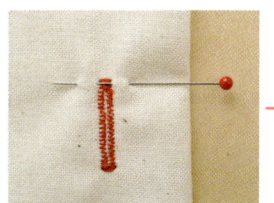

切りすぎないよう、ボタンホールのとまりにまち針を刺す。

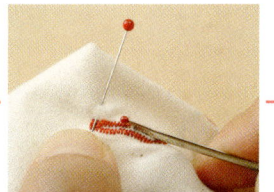

リッパーを差し込んで切る。

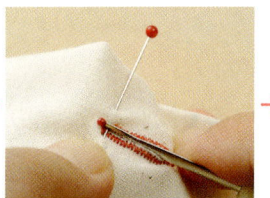

まち針があたったところでとめる。

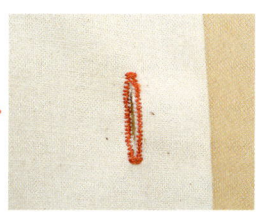

穴があいたところ。

4 ミシンのパーツの名称と役割

ミシンはさまざまなボタンやレバーを操作して使います。ミシンをかけ始める前に、それぞれのパーツの名称と役割を確認し、大まかな仕組みをつかんでおきましょう。

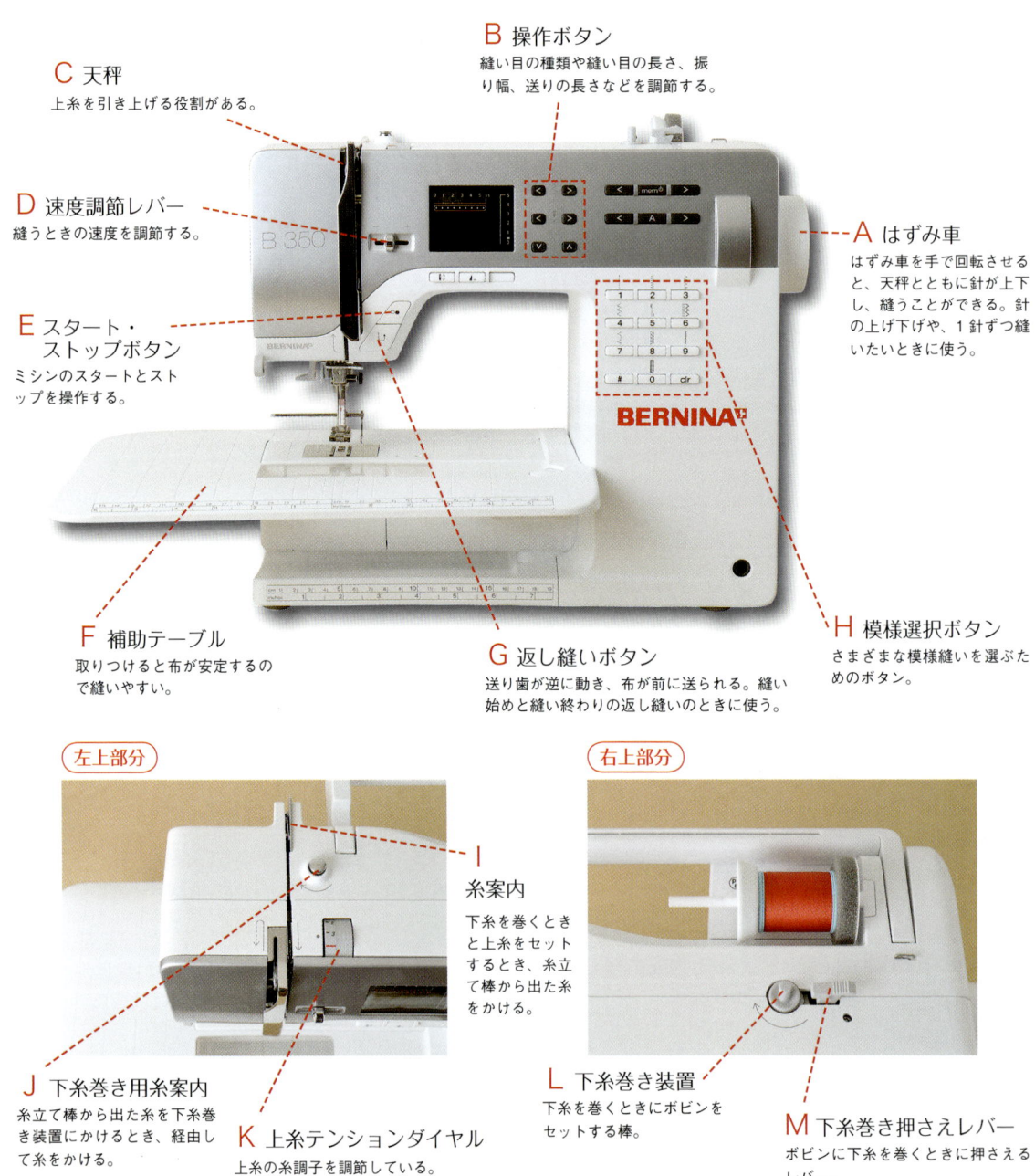

B 操作ボタン
縫い目の種類や縫い目の長さ、振り幅、送りの長さなどを調節する。

C 天秤
上糸を引き上げる役割がある。

D 速度調節レバー
縫うときの速度を調節する。

E スタート・ストップボタン
ミシンのスタートとストップを操作する。

A はずみ車
はずみ車を手で回転させると、天秤とともに針が上下し、縫うことができる。針の上げ下げや、1針ずつ縫いたいときに使う。

F 補助テーブル
取りつけると布が安定するので縫いやすい。

G 返し縫いボタン
送り歯が逆に動き、布が前に送られる。縫い始めと縫い終わりの返し縫いのときに使う。

H 模様選択ボタン
さまざまな模様縫いを選ぶためのボタン。

【左上部分】

I 糸案内
下糸を巻くときと上糸をセットするとき、糸立て棒から出た糸をかける。

J 下糸巻き用糸案内
糸立て棒から出た糸を下糸巻き装置にかけるとき、経由して糸をかける。

K 上糸テンションダイヤル
上糸の糸調子を調節している。

【右上部分】

L 下糸巻き装置
下糸を巻くときにボビンをセットする棒。

M 下糸巻き押さえレバー
ボビンに下糸を巻くときに押さえるレバー。

＊本書では家庭用コンピュータミシンを使って説明しています。ミシンのパーツの位置や名称は機種によって異なるので、各ミシンの取り扱い説明書を読んで確認してください。

（針の周囲）

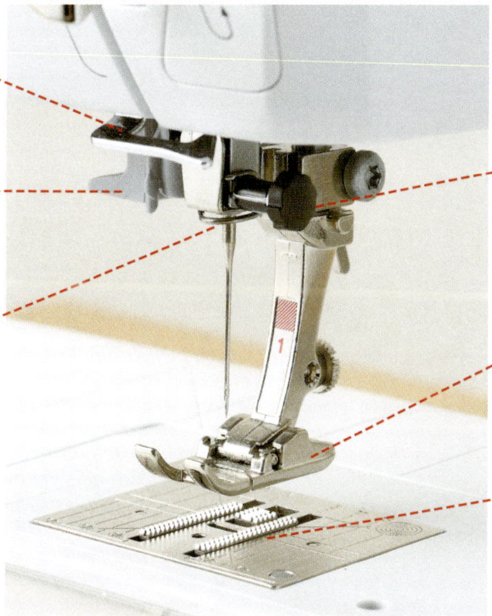

N 糸かけ
天秤にかけた上糸をここに通す。

O 糸通し機
簡単な操作で針に糸を通す仕組み。

P 針棒糸かけ
Nの糸かけの次に上糸をここに通してから針に通す。

Q 針どめねじ
ミシン針を固定するねじ。

R 押さえ金
布を押さえる金具。ファスナー押さえやボタンホール押さえなど、縫い方に合わせた押さえ金を使う。

S 送り歯
布を送る役目をする。針が布に刺さっているときは下がり、針が布から抜けると上がって布を移動させる。

（右上部分）

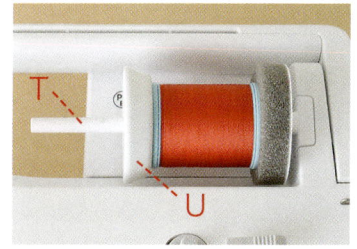

T 糸立て棒　U 糸こま押さえ
上糸をセットする棒は糸立て棒。セットした糸巻きがはずれないよう、糸こま押さえで安定させる。

（後ろ側）

V 押さえ上げレバー
押さえ金を上げ下げするレバー。

（足元）

W フットコントローラー
スタート、ストップ、スピード調節を足で踏むことで操作できる。低いほうにかかとをのせる。

昔のミシンは足踏み式

昔のミシンは足踏み式だったのを知っていますか。足踏み式は、踏み板を踏む力をベルトの回転を通して伝え、動力源にしたミシン。ミシン本体と机が一体になっていたので、カバーをかけてリビングの隅などに置くのが一般的でした。電気が動力源となってからはコンパクトなサイズになり、さまざまな縫い方ができるタイプへと進化していきました。

▲昔はよくリビングの隅にミシンが置いてありました。

◀踏み板を上下に動かして動力にする足踏み式ミシン。

（ルーマニアにて撮影・撮影者 村尾香織）

1章 ミシンのこと　ミシンのパーツの名称と役割

5 ミシンかけの準備

ミシンは上糸と下糸の2本の糸をからませながら縫い進みます。上糸のかけ方や下糸の取りつけ方は機種によって異なるので、必ず取り扱い説明書を読み、正しくセットしましょう。

まず、正しい姿勢で座りましょう

ミシンはテーブルの右端を少しあけて、写真のようにテーブルの脚の上部に置くと安定します。左側には布が広げられるようにスペースを作っておきます。このときミシンとテーブルの前端が平行になるようにします。姿勢を正し、針の正面に体の中心がくるように座りましょう。足元にフットコントローラーを置き、低いほうにかかとをのせます。

本書では家庭用ミシン(垂直釜タイプ)を使って説明します。カッコ内のアルファベットはp.18～19のミシンのパーツを表しています。

下糸を巻く

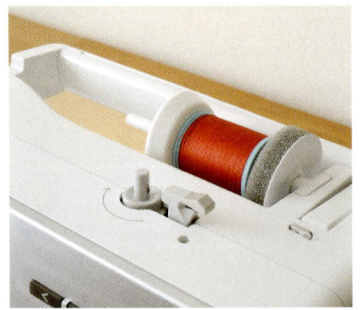

1 糸立て棒(T)に糸をセットし、糸こま押さえ(U)を差し込み、糸が浮き上がらないようにする。

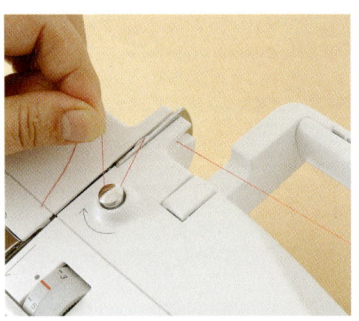

2 後ろ側にある糸案内(I)と、下糸巻き用糸案内(J)の2カ所に糸を通す。

3 糸の先を4～5周、ほどけないようにボビンに巻きつける。

4 矢印の方向に糸が巻き付くよう、下糸巻き装置(L)にボビンをセットする。

5 取り扱い説明書にしたがって、下糸巻きをスタートさせる。

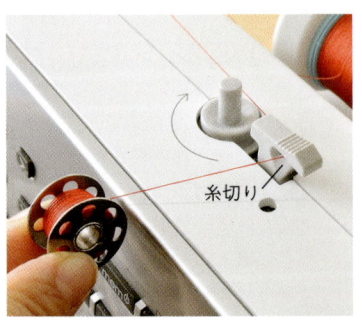

6 糸切りがついていればそれを使って糸を切る。

下糸をセットする（垂直釜の場合）

糸端の向き

1 下糸をボビンケースに入れる。

ボビンケースのつの

2 ボビンケースから糸を引き出す。

3 ボビンケースの切り溝に沿って糸を通し、T字形の穴から出す。

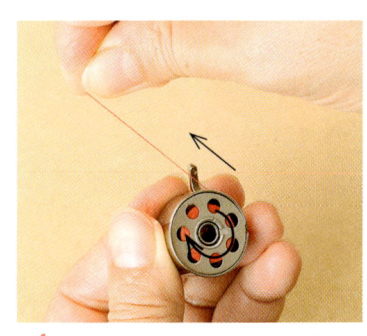

4 糸を引っ張ったとき、ボビンが反対方向に回っているかを確認しながら10cmほど引き出す。

5 ボビンケースのつまみを持ち、カチッと音がするまで差し込む。

糸切りカッター

6 糸切りカッターがあれば余分な糸を切る。

針をつける

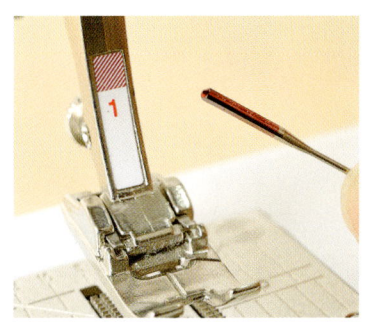

1 電源が入っていないことを確認してから、針をつける。針の平らな面を後ろに向ける。

2 針どめねじ（Q）をゆるめ、針があたってとまるまで上に差し込む。

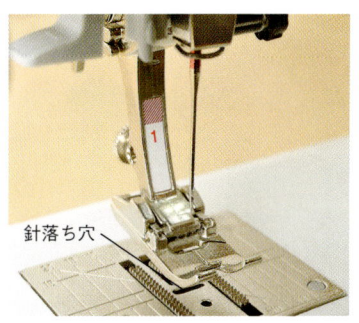

針落ち穴

3 針どめねじをしっかり締めて針をつける。はずみ車（A）をゆっくり回して、針落ち穴に針が入るかを確認する。

1章 ミシンのこと ミシンかけの準備

上糸をセットし、針に糸を通す

1 糸立て棒(T)にミシン糸をセットし、糸を引き出す。

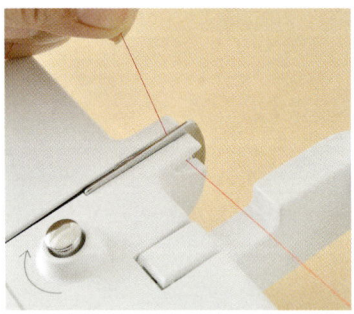

2 後ろ側にある糸案内(I)に糸を通す。

3 ミシンに描かれている矢印にしたがって糸を通す。

4 天秤カバーの右側に沿って糸を下ろす。

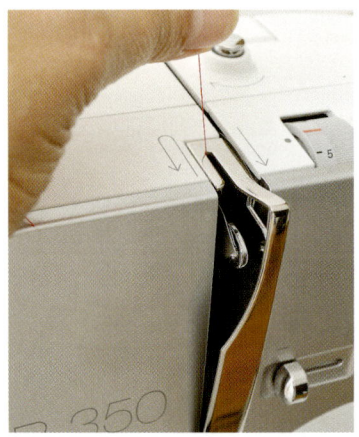

5 天秤カバーの左側に沿って糸を持ち上げ、天秤(C)に糸を通す。

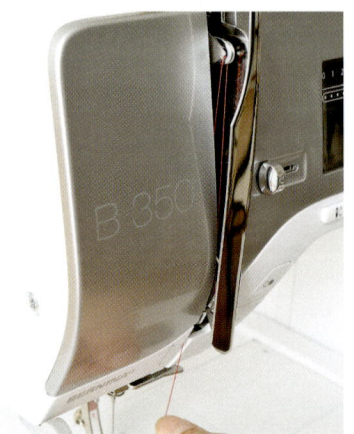

6 糸を下ろして糸かけ(N)に糸をかける。

7 最後に針棒糸かけ(P)に糸をかける。

8 糸通し機(O)のレバーを押し下げて針に糸を通す。

9 レバーを静かに離すと糸が通る。

下糸を引き上げる

 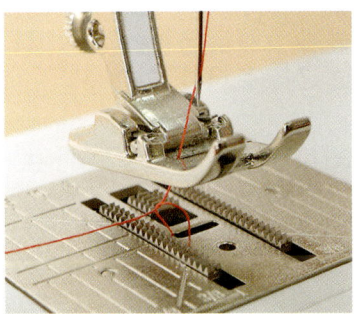 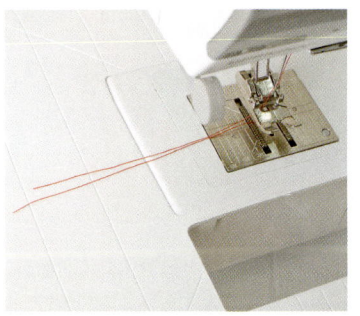

1 上糸を持ったまま、はずみ車（A）をゆっくり回し、針を下げる。

2 上糸に下糸が引かれて出てくる。

3 2本の糸をそろえて10cmぐらいの長さに切る。

試し縫いをする

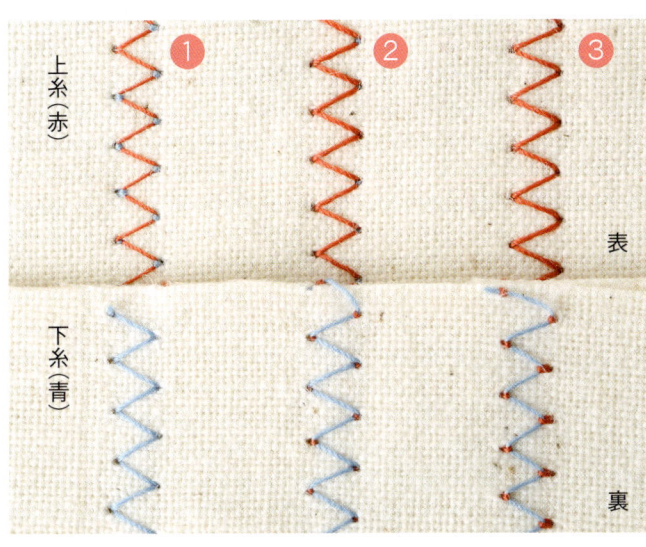

縫い始める前に、試し縫いをして糸調子をチェックします。糸調子とは、上糸と下糸の強さのバランスのこと。上糸と下糸の引っ張り合う強さが同じであれば「バランスのよい糸調子」になります。糸調子が合っていないと、縫い目が引きつれたり、ステッチがきれいに入りません。

試し縫いは、これから使う布を2枚重ねて縫います。上糸テンションダイヤルで糸調子を調節し、垂直釜のミシンは下糸をボビンケースのねじで調節することもあります。

ギャザーのためのミシン（→p.130）やしつけミシン（→p.139）など、あとで糸を抜きやすいよう、わざとバランスをくずして縫うこともあります。

＊糸調子の写真ではわかりやすいように、上糸（赤）と下糸（青）の色を変えて、ジグザグ縫いをしています。

❶ 上糸が強い縫い目………裏から見るときれいに見えますが、表から見ると上糸に引っ張られて下糸（青い糸）が見えます。この場合は上糸の調子を弱くします。

❷ 上糸と下糸のバランスのよい縫い目………2枚の布の中間で、上糸と下糸がからんでいるので、表から見ても裏から見ても、縫い目の状態は同じです。

❸ 上糸が弱い縫い目………表から見るときれいに見えますが、裏から見ると下糸に引っ張られて上糸（赤い糸）が見えます。この場合は上糸の調子を強くします。

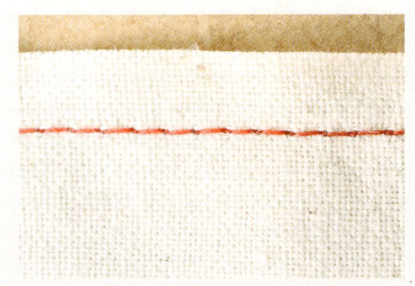

バランスのよい糸調子の直線の縫い目（表）

ソーイング Q&A 01

Q ミシンを買うときや故障したときの相談はどこにすればいいの？

A おすすめはミシン専門店。

ミシンの販売業者は多種多様化し、専属のアドバイザーがいない場合もあります。詳しく教えてほしいというときは、近くのミシン専門店をおすすめします。とくに「故障かな？」と思ったときは自己判断せず、ミシンを購入した販売店や専門店でみてもらってください。操作法を間違えていたということが意外に多くあります。ミシンは衣料品からバッグなどの小物まで、いろいろなものを家庭で作れる精密機械です。ぜひ、アドバイスを参考にして、自分の手足のように動かして、ソーイングを楽しみましょう。

ソーイングセンター joy 立川店の店内

ミシン専門店にはミシンの種類がそろい、その場で試し縫いができたり、ソーイングのさまざまな講習会を企画しているところもあります（ソーイングセンター joy 東京営業本部　松浦誠さん）。

ソーイング Q&A 02

Q ウールの縫い代をアイロンで上手に割るには？

A プレス用の棒があると便利。

ウールを仕立てるとき、アイロンがうまくかけられず、すっきりした仕上がりにならないことがあります。これは、アイロンの熱が布の厚みに行き渡らないことが主な原因です。アイロンで縫い代を割ったあと、まだ熱いうちにプレス棒で押さえ、余分な熱と水分を吸い込ませるとすっきりした仕上がりになります。

プレス棒の作り方

バンダナを広げ、週刊誌をのどから折って上に置き、端からかために巻いていく（バンダナが大きすぎるときは少し切っておく）。

縁をのりでとめ、両端のはみ出たバンダナは5〜6cm残してカットする。

両端を丸めた週刊誌の中に折り込んで仕上げる。

2章

布地の準備

1 布地のこと

布地の表や裏、たて地、よこ地などの基本的な名称、扱い方などを知っておきましょう。美しく仕上げるには、裁断する前に布地の状態を確かめて布端をきれいに整え、地直しをします。

布地の名称

布に関する用語を理解しておくと、失敗することなく裁断できます。

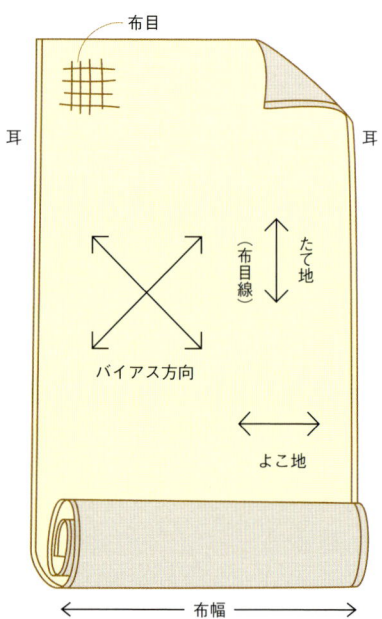

たて地
織物のたて糸の方向をたて地といいます。また、製図や型紙に描かれている矢印のことを布目線といい、これは「布のたて糸の方向に矢印を合わせる」という意味です。たて地は伸びにくい性質があるので、たて地に合わせて布を裁断して作ると、形くずれしない服ができ上がります。

よこ地
織物のよこ糸の方向をよこ地といい、たて地よりも伸びやすい性質があります。

バイアス
バイアスは斜めの方向を指し、たて地に対して斜め45度の角度を正バイアスと呼びます。正バイアスは最も布地が伸びる方向で、バイアステープやフレアーの多い洋服を作る際には正バイアスで裁ちます。

耳
布の両端のかたいところを耳といい、メーカー名がプリントされていたり、色が変わっている場合もあります。耳に平行な方向がたて地です。ほつれにくいので、縮んでいなければ、縫い代の端に利用することも。

布幅
耳から耳までの幅。よこ地の幅が布幅にあたります。

布目
布地のたて糸とよこ糸の織り目のこと。布目がきちんと整っていると、服のゆがみや形くずれがなく仕上がります。布目を正しくすることを「布目を通す」といいます。

布幅

同じ型紙でも布幅によって、服を作るときに必要な布の量（要尺）が変わります。一般的には110〜120cm幅のものが最も多いのですが、布幅には何種類かあるので購入するとき必ず確認しましょう。

シングル幅　90〜92cm
ギンガム・ブロード・シルクなど

細幅　36cm
和服用反物、ゆかた地など

普通幅　110〜120cm
綿プリント・化学繊維など

セミダブル幅　135cm（半分に折ってある）
ウール・混紡など

ダブル幅　145〜150cm（半分に折ってある）
ウール・混紡など

> ### 地直し
>
> 布地は、たて糸とよこ糸が直角に交差しているのが正しい状態です。ところが生産工程の途中で布目がゆがんでしまうことがあり、そのまま布を裁断して洋服に仕立てると、形くずれの原因になります。そこで裁断前に布地の状態を確かめ、ゆがんでいる場合は直角に交差するように整えます。これを地直しといいます。

布目の通し方

1 布端に少し切り込みを入れ、よこ糸を1本だけ抜く。

2 糸を抜いた部分がよこ糸の跡。

3 引き抜いた跡のラインに沿って、布をカットする。

4 アイロン台やテーブルの角などと比較して、布目が直角かどうかを調べる。写真では左端がゆがみ、右下のラインが下がっている。

5 4の状態を直すため、まず霧吹きで布地に霧を吹いて湿らせる。

6 布を幅広く両手で持ち、斜め方向に引っ張る。

7 よこ糸に対し、たて糸が直角になるよう、アイロン台の角を目安にしてアイロンで整えていく。

> ### アドバイス
> **水通しをして縮みを防ぐ**
>
> 洗濯したら縮んで形がくずれてしまった、ということのないよう、あらかじめ水通しをしておくと安心。木綿や麻の場合はしばらく水に浸し、軽く脱水をかけ、たて・よこの方向に布を引っ張りながら形を整えて陰干しします。半乾きのまま布目を整えるつもりでアイロンをかけましょう。ウールの場合は裏から霧を吹くか、スチームにしてアイロンをかけます。

2 布地の種類

洋裁専門店や手芸品店に行くと、数え切れないほどの布地が並んでいます。色や柄、厚さだけでなく、かたさや風合いも確かめて、作品に合う布地を選びましょう。

布地の性質

布地の厚さによって、使う糸や針も違います。一般的に縫いやすいのは普通地ですが、厚手でもやわらかい素材や、薄手でもかたさや張りのある素材は縫いやすい傾向があります。また、毛足のある布、方向性のある織りやプリント、大きな柄は裁断のとき注意が必要です(→p.45)。

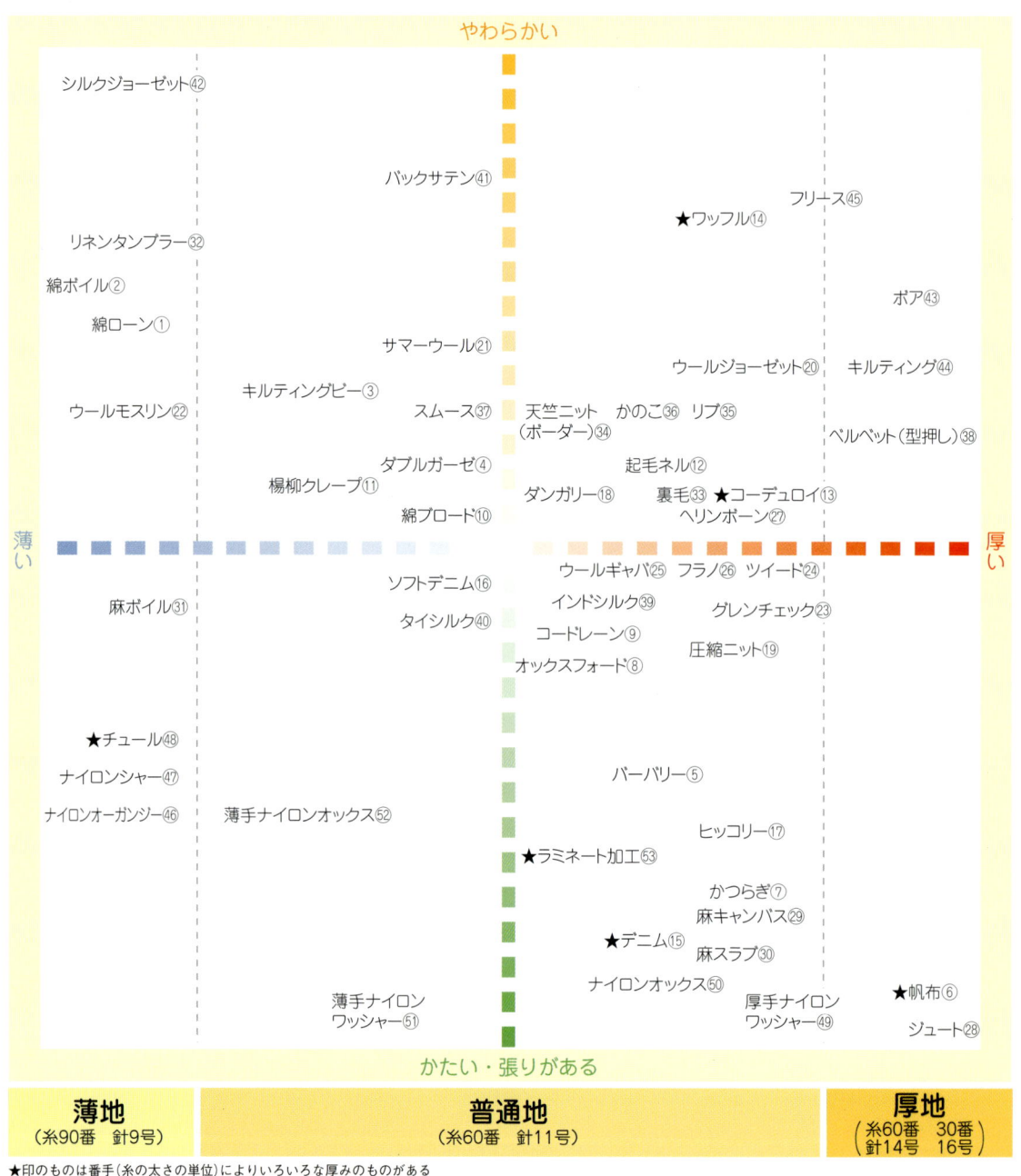

★印のものは番手(糸の太さの単位)によりいろいろな厚みのものがある

■綿

薄地〜普通地の素材

①綿ローン
ローンはもともとは麻で作る平織り（たて糸とよこ糸を交互に交差させる織り方）の生地で、綿糸を使って似た風合いを出したもの。薄地でありながらやや張りがあって高級感があるので、エレガントなブラウスやドレス、ハンカチにも。

②綿ボイル
密度の粗い平織りの生地で、握るとしゃり感がある。軽くて涼感があり、気持ちのよい肌触り。夏用のブラウスやワンピースのほか、カーテンにも。

③キルティングビー
やわらかで、さらりとした肌触り。平織りで針の通りがよく、パッチワークやハワイアンキルトによく利用される代表的な生地。色の種類も豊富にある。

④ダブルガーゼ
ガーゼが2枚重ねて織られた生地。肌触りがソフトで吸水性があり、子ども服や夏服などによく使われる。ナチュラル感があり、洗濯をするとやわらかい風合いが増す。

普通地〜厚地の素材

⑤バーバリー
ギャバジンの一種。特殊な防水加工が施され、独特の高級感がある。ロンドンのバーバリー社の登録商標名。ジャケットやコートなどに。

⑥帆布（写真は4号と10号）
太い糸で密に織られているので丈夫。肌触りはごわごわして、かたい。もともとは帆船の帆に使うための布として作られた。11号から1号までの規格があり、号数が小さくなるほど生地が厚くなる。トートバッグ、テーブルクロスなどに使われている。

⑦かつらぎ
デニムに風合いが似ている。先に色を染めてから織るデニムに対し、かつらぎは織ってから染めることが多い。パンツやバッグなどに。

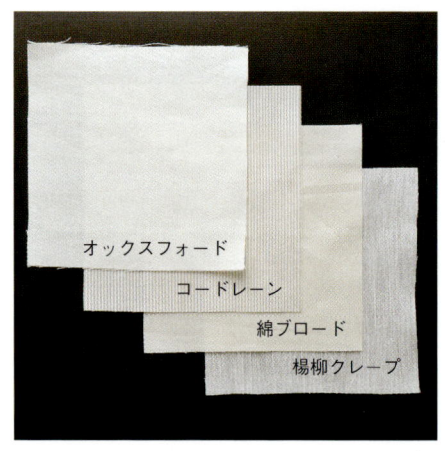

表情のある素材①

⑧オックスフォード
たて糸・よこ糸ともに2本ずつそろえて織った平織りの生地。肌触りがよく、光沢がある。通気性にもすぐれ、しわになりにくい。ワイシャツなどに。

⑨コードレーン
たて方向に細い畝(うね)がある平織りの生地。張りのある肌触りでドライ感がある。夏用のスーツやジャケットなどに。

⑩綿ブロード
たて糸をよこ糸より多く使い、表面に繊細なよこ方向の畝がある素材。肌触りがやわらかく光沢があり、シャツの素材として人気。

⑪楊柳(ようりゅう)クレープ
たて糸が普通の綿糸、よこ糸は強く撚(よ)った糸を使い、表面にたてのしぼ(細かなしわ)があるのが特徴。さらりとした肌触りで夏向きの素材。

表情のある素材②

⑫起毛ネル
表面に短い毛羽をたてた生地。ウールのフランネルに似せたもので「コットンフランネル」とも呼ぶ。カジュアルなシャツやベビー服などに。

⑬コーデュロイ
たてに畝が並び、毛並みがある。さまざまな厚さがあり、保温性にすぐれている。別名「コール天」。秋冬用のスカートやワンピース、パンツなどに。

⑭ワッフル
表面にでこぼこがあり、ハニーカム、蜂巣(はちす)織り、升(ます)織りとも呼ぶ。さらりとした肌触りで汗をよく吸う。寝具や夏用ワンピースなどに。

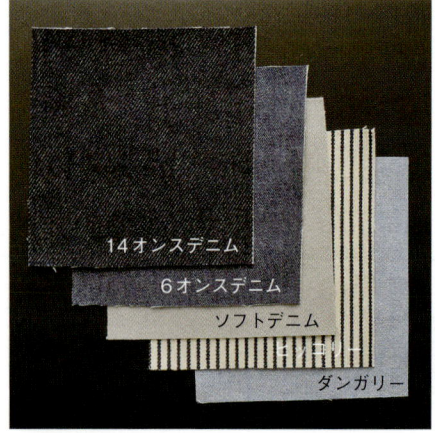

デニムなどの素材

⑮デニム(写真は14オンスと6オンスデニム)
たて糸は染色糸、よこ糸は漂白糸を使って綾織り(生地の目が斜めになっている織り方)にした生地。裏側に白い糸が多く現れているのが特徴。デニムのオンスは生地1平方ヤードあたりの重さのことで、数字が大きくなるほど厚くなる。ブルージーンズやスカート、バッグにも。

⑯ソフトデニム
糸の撚り方がやわらかく、ソフトな肌触りにしたもの。

⑰ヒッコリー
ストライプに仕上げたもの。ナチュラルテイストで丈夫。

⑱ダンガリー
デニムと反対に、たて糸に漂白糸、よこ糸に染色糸を使った平織りの生地。

■ウール

細い糸の素材

⑲圧縮ニット
編んである生地を蒸気などで圧縮して、ほつれにくくした生地。生地の密度を高くしているので、保温性にすぐれている。コートやジャケットなどに。

⑳ウールジョーゼット
密度が粗く、やわらかい平織りの生地。ドレープ性(布をたらしたとき自然にできるゆったりしたひだ)があるのが特徴。ワンピース、スカートなどに。

㉑サマーウール
清涼感があってサラリとした肌触り。通気性にすぐれ、丈夫でしわになりにくく、上質感がある。夏用のスーツ、スカート、ジャケット、パンツと幅広く使われている。

㉒ウールモスリン
単糸(1本の糸をそのまま織ったもの)の平織りの生地で、軽くて薄く、心地よい肌触りでしわになりにくいのが特徴。寝具、ブラウス、スカーフなどに。

中〜太い糸の素材

㉓グレンチェック
小さな格子が集まって大きな格子を構成した柄の布。スコットランドにあるグレンという谷間の地域が発祥地とされている。スーツ、コートに使うと華やかな印象になる。

㉔ツイード
太く短い羊毛を使った平織りまたは綾織りの生地。日本では平織りのツイードを「ホームスパン」と呼ぶことも。ざっくりした素朴な風合いがある。スーツ、スカートなどに。

㉕ウールギャバ
ギャバはギャバジンの省略形。ほどよい厚さがあり、上品な風合いで、表面に右上がりの斜めの畝があるのが特徴。色の種類も多い。スカートやワンピース、ジャケットなどに。

㉖フラノ
やや厚手の平織りまたは綾織りで、軽く起毛している生地。やわらかな肌触りで弾力があり、保温性が高い。無地が多いので、スーツやコートによく使われている。

㉗ヘリンボーン
織りがにしん(英語でヘリン)の骨が並んでいるように見えることからついた名前。日本では杉綾織りと呼ばれている。綾織りの一種で、右上がりと左上がりの畝が交互に並ぶ。スーツやジャケットなどに向く。

■麻

㉘ジュート
黄麻が原料。厚手で独特の風合いがあるので、タペストリー、マットなどのインテリアやバッグなどの小物に使われる。

㉙麻キャンバス
通気性がよく、ややかためで涼感がある。スカートやバッグやエプロンなどに。

㉚麻スラブ
ところどころに節のあるスラブヤーンという糸を使った織物でラフなタッチが持ち味。夏のカジュアルジャケットなどに。

㉛麻ボイル
薄地でやや目が粗く、軽い風合いの織物。さわやかな肌触りでナチュラル感がある。シャツやブラウス、カーテンにも。

㉜リネンタンブラー
織り上げた布を洗いにかけ、自然にできたしわのまま売られている布。

■ニット素材

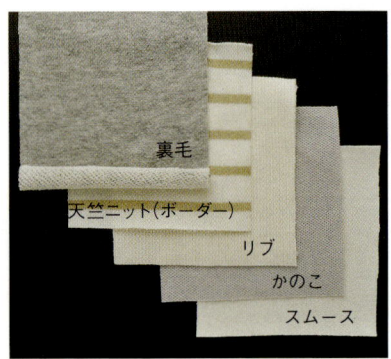

㉝裏毛
裏側がループ状になった素材。やわらかく肌触りもなめらか。色の種類や柄も豊富にある。トレーナー、パーカ、子ども服などに。

㉞天竺ニット(ボーダー)
天竺ニットは薄地の代表的な編み地で、表地にはハの地を逆にしたような模様があり、表裏がはっきりしている。よこ方向に伸縮する素材。Tシャツなどに。

㉟リブ
表目と裏目を交互に配列したゴム編みで、よこ方向に伸縮する。フィット感があるので、シャツやセーターの袖口によく使われる。

㊱かのこ
鹿の子どもの背中に見られる白いまだらのように見える編み地。通気性がよく丈夫。ポロシャツによく使われる素材。

㊲スムース
表裏ともに同じように見えるニット地。プリントをして売られていることも多い。ベビー服、子ども服などに。

■光沢のある素材

㊳ベルベット(型押し)
先を切りそろえた短い毛羽が密に織り込まれているベルベットに加工して模様を出したもの。

㊴インドシルク　㊵タイシルク
どちらも光の反射で複雑な色に変わる。インドシルクのほうがやや生地が厚い。スカーフ、スーツ、ワンピースなどに。

㊶バックサテン
鮮やかな光沢があり、なめらかな布。シルク、化織などで織られている。

㊷シルクジョーゼット
薄地でやわらかく、しっとりしてドレープ性があるのが特徴。

これらの光沢のある素材は主にドレスに使われることが多い。

■保温性のある素材

㊸ボア

羊の毛皮に似せて編まれているので、肌触りがよい素材。コートの衿、袖口、ぬいぐるみなどに。

㊹キルティング

表布と裏布の間に綿などをはさみ、ステッチをかけた生地。プリント柄は子ども用のバッグに人気。

㊺フリース

ポリエステルなどで作られ、軽く保温性にすぐれている。ペットボトルを再生して作るものも。トレーナーなどに。

■透ける素材

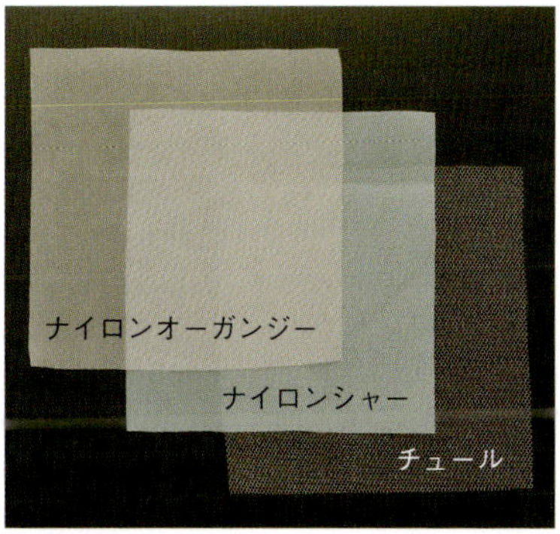

㊻ナイロンオーガンジー　㊼ナイロンシャー

どちらもナイロン素材で、透けるように薄くて軽い。ドレスやパニエなどに。

㊽チュール

六角形の網目構造をした薄い素材。ドレスやペチコートに使うと華やかになる。糸の太さでいろいろな種類があるので、目的に合わせて選ぶ。

■ナイロン素材

㊾厚手ナイロンワッシャー

ワッシャー加工は、水洗いや熱処理によって素材にしわをつけること。この加工により、やわらかな印象になる。エコバッグやレインコートに。

㊿ナイロンオックス

とても丈夫な素材。洋服よりバッグなどに使われることが多い。熱に弱いのでアイロンは低～中温で。

(51)薄手ナイロンワッシャー

㊾の薄手のタイプ。こちらもエコバッグなどによく使われる。

■ラミネート加工の素材

(53)ラミネート加工

生地の表面に薄いフィルムを施したもの。水や汚れに強い。布端はほつれないので、始末しなくてよい。雨対策用のバッグ、水着用バッグなどに。

(52)薄手ナイロンオックス

㊿の薄手のタイプ。バッグのほか、アウトドアウエアにも使われる。

3 接着芯のこと

接着芯を使うことによって仕上がりの美しさに差が出ます。布の伸びや洗濯による形くずれを防ぐために、接着芯を上手に使いこなして作品を作りましょう。

接着芯の種類

接着芯とは布の片面（または両面）に接着剤がついた芯地のことで、アイロンを使って布に貼ります。布を補強したいときや、布に張りを持たせてきれいなシルエットにしたいときに使います。さまざまな種類があるので、目的に合わせて、表地になじむものを選びましょう。

織り地タイプ
木綿、麻、化繊などさまざまな素材があり、平織りで表地となじみやすく、伸びをとめます。接着芯にも布目があるので、表地の布目と同じ方向で貼ります。

ニット地タイプ
素材が編み地なので適度な伸縮性があり、風合いがやわらか。表地の性質を生かしやすく、表地の布目に合わせて貼るのが基本。織った布にも使えます。

不織布タイプ
紙のように繊維をからみ合わせて作られた素材。たて・よこがないので、布目を気にせずに使えます。

帽子・バッグ用タイプ
かたくてしっかりした素材。帽子の形をキープしたいときや、バッグの底を安定させたいときなどに使います。

接着キルト綿タイプ
ふんわりとした厚みがあります。キルトの中綿にしたり、バッグを作るときに張りを持たせたりするために使います。

> **Point**
> **試し貼りをしてみましょう**
> 接着芯は種類や布によって縮む場合や、うまく接着できないこともあります。接着する前に残布で試し貼りをしてみましょう。

伸びどめテープ
接着芯の一種で、テープ状になっています。衿ぐりや袖ぐり、ポケット口、ファスナーつけの縫い代の裏面に補強と伸びどめのために使います（アピコ接着テープⓐ）。

熱接着両面テープ
アイロンで熱を加えると接着できる両面テープ。しつけの代わりに、布と布を仮どめするときに使います。ファスナーつけ（→p.113）には欠かせません（SSGテープⓐ）。

接着芯の貼り方

接着芯はアイロンで熱を加えることにより、接着剤が溶けて布に貼りつきます。中温のスチームアイロンで中央から外側に向かって、すべらせずに押しあてます。すき間があかないように貼っていきましょう。薄地の場合は粗く断った布に、先に接着芯を貼ってからパーツを裁断するときれいに仕上がります。布の表面に凹凸がある布は、接着したあと熱があるうちに電話帳などの重しを置いて押さえてもよいでしょう。

衿に貼る場合

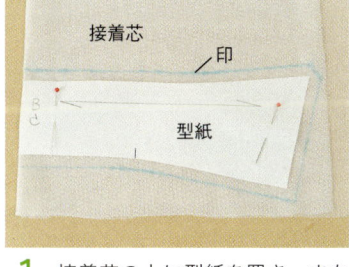

1 接着芯の上に型紙を置き、まち針でとめ、縫い代(0.5cm)にチャコペンで印をつける。

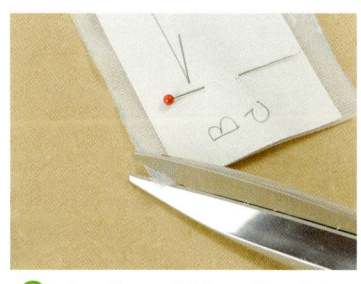

2 印に沿って裁断し、後ろ中心は縫い代を小さく三角に切って印にする。

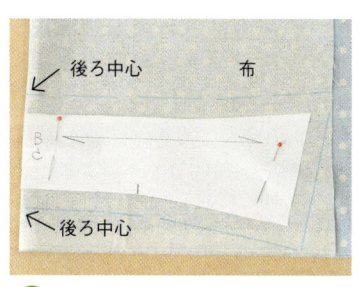

3 縫い代(1cm)をつけて布を裁断する。2と同じように後ろ中心を小さく三角に切る。

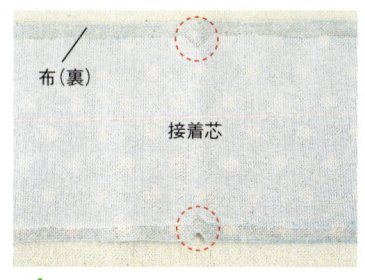

4 表布の裏面に接着芯のざらざらした面を合わせ、後ろ中心の位置をそろえる。

Point　布の中心と接着芯の中心を合わせて
衿などの左右対称の型紙に接着芯を貼る場合、布の中心と接着芯の中心に印をつけます。貼るときに印を合わせれば、ずれる心配がありません。

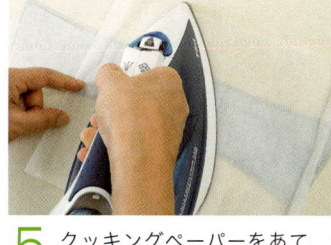

5 クッキングペーパーをあて、中温のスチームアイロンを1カ所に5〜10秒、押しあてる。中央から外側に向かってずらし、接着していく。

Point　シリコン加工のクッキングペーパーをあてる
アイロンをかけるとき、シリコン加工のクッキングペーパーをあてるとアイロンの底が汚れず、半透明なので接着芯がずれていないかどうかの確認も簡単にできます。

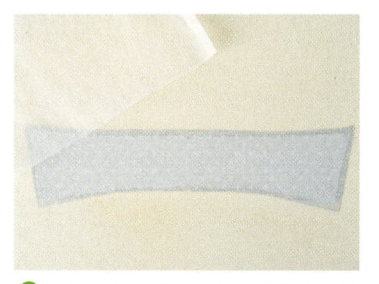

6 クッキングペーパーをとり、冷めるまで布を動かさないこと。熱がこもった状態で動かすと布にくせがついたり、伸びたりする。

7 きれいに接着芯が貼れたところ。

伸びどめテープの貼り方

伸びどめテープはドライアイロンで熱を加えることにより、布に貼りつきます。テープを強く引っ張らず、少しずつ貼っていきましょう。ミシンの針目が落ちる位置に貼れていれば、多少ずれていても大丈夫です。

袖ぐりのゆるやかなカーブに貼る場合

1 縫い代の部分からテープをセットする。

2 テープに軽く手を添え、カーブに沿ってアイロンをあてながら貼りつける。

3 肩の位置でカットする。

衿ぐりの強いカーブに貼る場合

1 縫い代の部分からテープをセットする。

2 強いカーブの部分にきたら、伸びどめテープに切り込みを入れる。

3 切り込みはなるべく左右対称に。

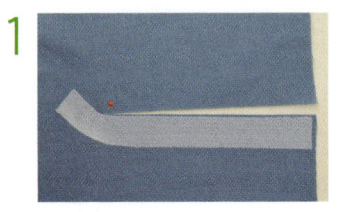

スラッシュあき（切り込みを入れたあき）に貼る場合（→p.136）

1 あきどまりにまち針を打ち、伸びどめテープをまち針のところでカーブさせ、カットする。

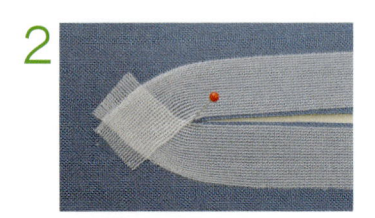

2 反対側も同様に貼ってテープをクロスさせる。

3 見返しをあてて縫い返し、仕上がったところ。クロス部分にテープが重なり、補強されている。

ファスナーあきなど直線部分に貼る場合（→p.113）

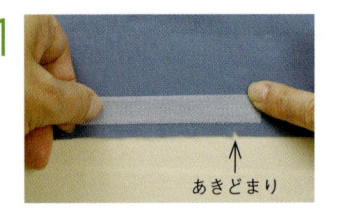

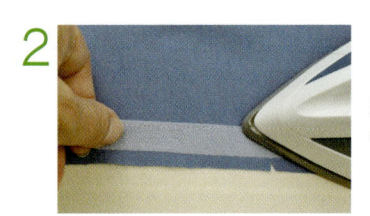

1 あきどまり

2 あきどまりの印の1〜2cm下から、伸びどめテープを貼ることがポイント。

ソーイングQ&A 03

Q 柄布の場合の糸の選び方は？

A 布に糸をのせて色が合うものを選んで。

基本的に、糸は布と同じ色を選びますが、多色プリントやチェックの布は迷いがち。布に糸をのせてどの色が合うか確認したり、お店で糸のカラーサンプルを見せてもらいましょう。どうしても決まらないときは、候補の中から好きな糸の色を選んでもOK。

カラーサンプルに布をあてて合う色を選ぶ。

布の配色にはありませんが、グレーの糸が合いそうです。

地の色はブルーですが、夏ものでステッチを生かすなら鮮やかなグリーンを選んでも。

濃いグレーか紺色を選ぶと、糸が目立たず、落ち着いた感じになりそう。

ソーイングQ&A 04

Q 飾り用のミシン糸はありますか？

A 段染め糸やメタリック糸などの変わり糸。

1本の糸がグラデーションに染められた段染め糸や金、銀などのメタリック糸などの変わり糸があります。ミシン刺しゅうや模様縫いのときに。上糸をややゆるくして、ミシンをかけます。

メタリック糸

シルバー・ゴールドのメタリック糸を使用

段染め糸を使用

段染め糸

2章 布地の準備 ソーイングQ&A

4 型紙の用意

実物大型紙はソーイングの本についていたり、洋裁専門店で販売されています。本書では実物大型紙を紙に写すときの手順や、それを使って布地を裁断する方法を紹介します。

型紙のパーツの名称

型紙は大小さまざまあり、形が似ているパーツもあります。パーツの名称や製図記号の意味を知っておきましょう。p.6も参照してください。

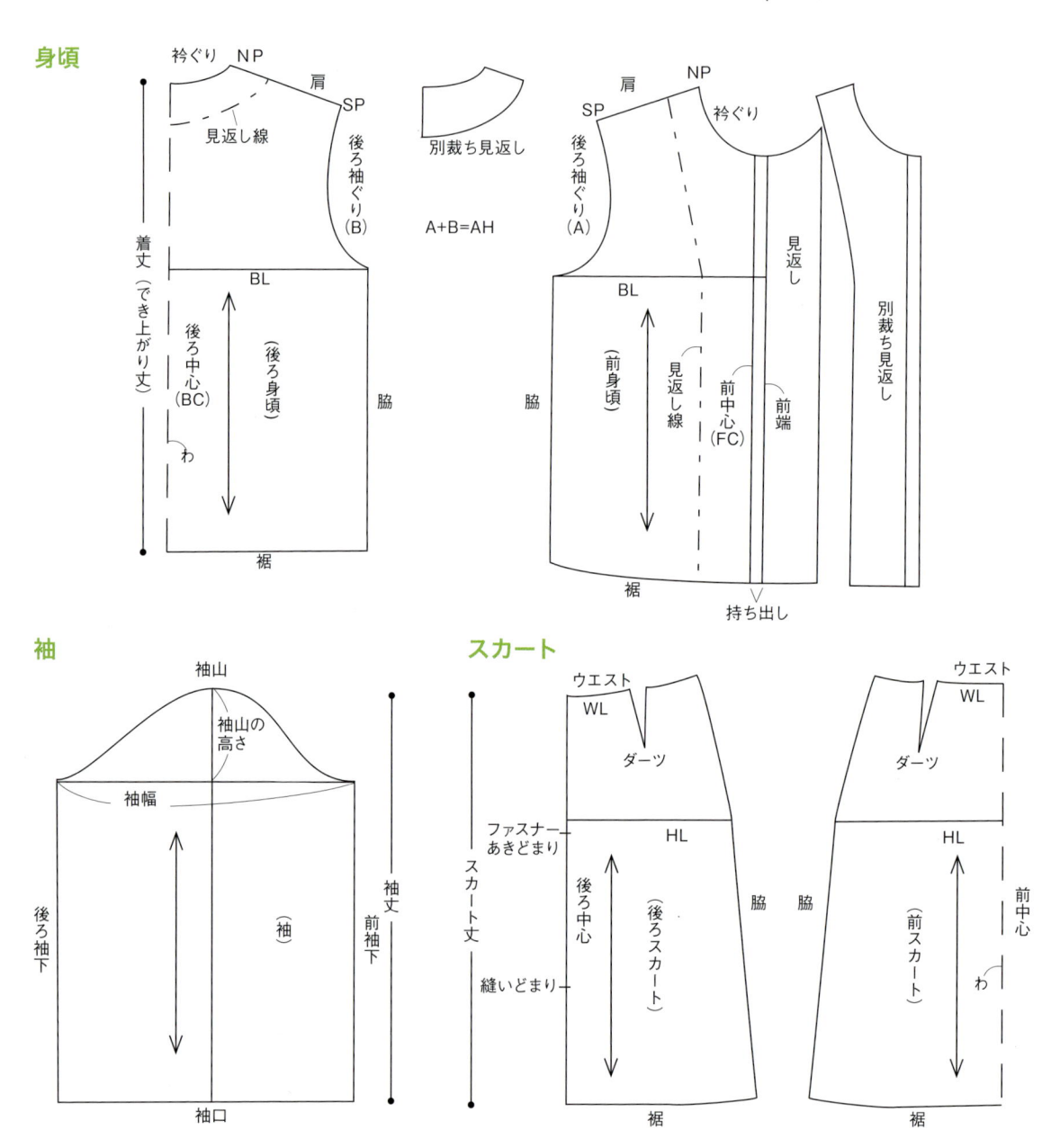

身頃

衿ぐり　NP　肩　SP
見返し線
後ろ袖ぐり（B）
別裁ち見返し
A+B=AH
肩　NP
SP　衿ぐり
後ろ袖ぐり（A）
見返し
別裁ち見返し

着丈（でき上がり丈）
BL
後ろ中心（BC）
（後ろ身頃）
わ
脇
裾

BL
（前身頃）
見返し線
前中心（FC）
前端
脇
裾
持ち出し

袖

袖山
袖山の高さ
袖幅
後ろ袖下
（袖）
前袖下
袖丈
袖口

スカート

ウエスト　WL
ダーツ
ファスナーあきどまり
HL
スカート丈
後ろ中心
（後ろスカート）
脇
縫いどまり
裾

ウエスト　WL
ダーツ
HL
脇
（前スカート）
前中心
わ
裾

パンツ

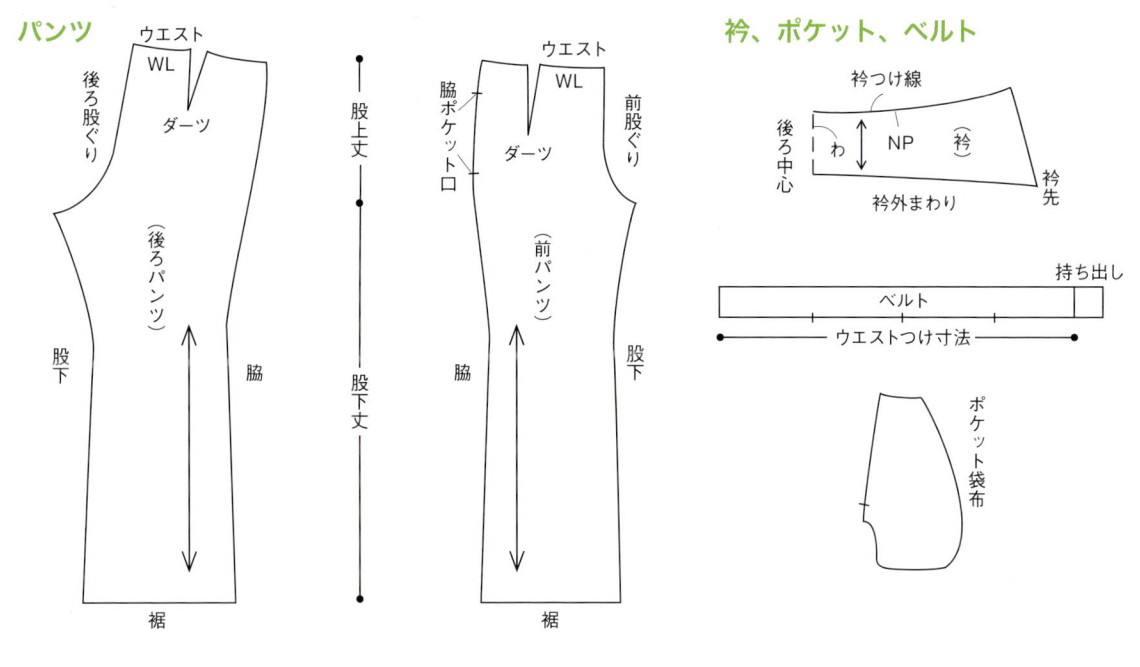

- ウエスト / WL
- 後ろ股ぐり
- ダーツ
- （後ろパンツ）
- 股下
- 脇
- 股上丈
- 股下丈
- 裾
- 脇ポケット口
- ダーツ
- （前パンツ）
- 前股ぐり

衿、ポケット、ベルト

- 衿つけ線
- 後ろ中心
- わ
- NP
- （衿）
- 衿先
- 衿外まわり
- 持ち出し
- ベルト
- ウエストつけ寸法
- ポケット袋布

型紙に登場する用語・記号

でき上がり線
でき上がりの位置を示す。

折り山線
布を折る位置を示す。

見返し線
見返しの端の位置を示す。

布目線
布のたて方向を示す。

わ
布の折り目の部分を示す。

合印
2枚の布の同じ印を合わせて縫う。

プリーツ

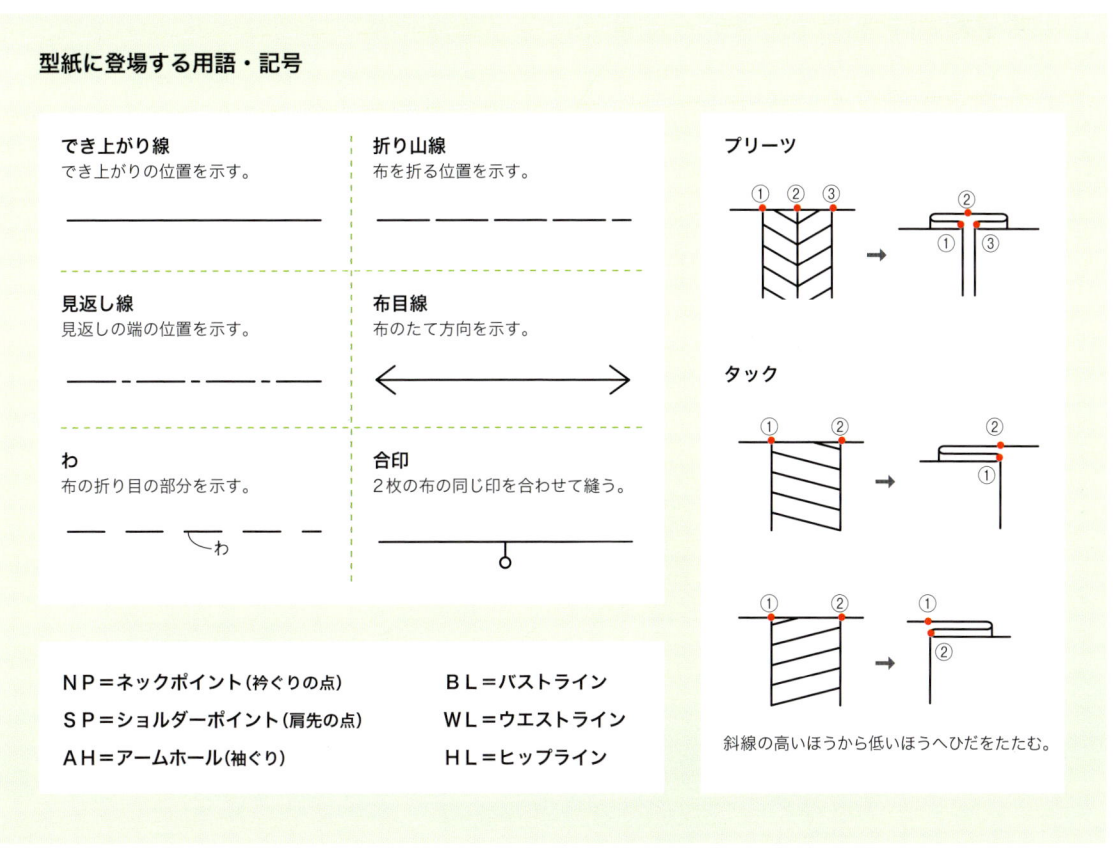

タック

斜線の高いほうから低いほうへひだをたたむ。

NP＝ネックポイント(衿ぐりの点)
SP＝ショルダーポイント(肩先の点)
AH＝アームホール(袖ぐり)
BL＝バストライン
WL＝ウエストライン
HL＝ヒップライン

2章　布地の準備　型紙の用意

型紙を作る

実物大型紙は切り取らず、ハトロン紙などの薄い紙に写して使います。きれいな作品は、型紙をきちんと作ることから始まります。ここでは子ども用のワンピースの型紙を作ります。

用意するもの………ハトロン紙、チャコペン、定規(方眼定規)、鉛筆(シャープペンシル)、はさみ(紙を切るもの)

1 型紙に印をつける

実物大型紙には1枚の紙に何種類ものパーツが描かれていたり、異なるサイズが重なっています。わかりやすい色のマーカーなどで、必要な型紙のパーツに印をつけましょう。線をすべてなぞらなくても、角などの要所ごとに印をつけておけば大丈夫です。

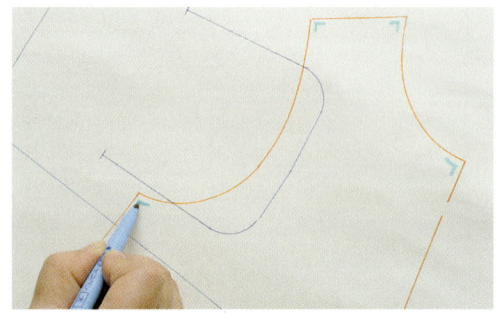

型紙の印つけには、時間がたつと消えるチャコペン(p.14)などを使うと便利。

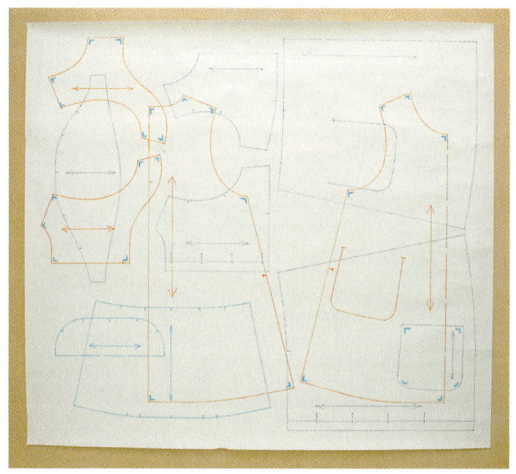

1枚の大きな紙に何種類もの線が描かれているので、必要なパーツの角やラインが交差しているところに印をつける。

2 ハトロン紙をのせて写す

型紙にハトロン紙のざらざらしている面を上にしてのせ、ウエイトなどを置いてずれないようにします。型紙は大きいものから順に写すのがポイント。前中心、後ろ中心など長い直線部分に紙の端を合わせると、手早く作業が進みます。必ず定規を使い、型紙の線を鉛筆(またはシャープペンシル)でなぞります。曲線の場合は、カーブに沿わせながら定規の短い部分を使って少しずつ動かし、細かく線を引いていきます。パターンスケールのある人は使いましょう。この型紙は縫い代が含まれていません。

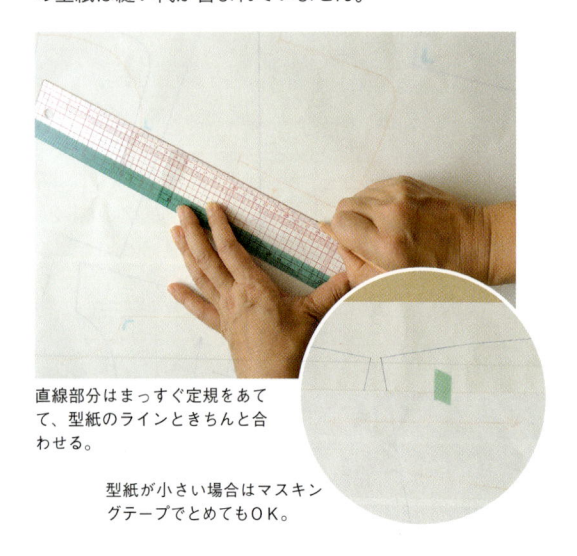

直線部分はまっすぐ定規をあてて、型紙のラインときちんと合わせる。

型紙が小さい場合はマスキングテープでとめてもOK。

曲線を上手に描くこつは、ペン先を線上に固定して定規を動かし、続けて引くこと。

3　型紙に情報を書き入れる

型紙についている情報は大切なものなので書き入れます。

- 合印（2枚の布を合わせて縫う印）
- 布目線
- 「わ」
- ポケット位置、あきどまり位置
- 折り山線、見返し線

などを記入します。布目線の印は直線が長く引けるスペースに書き込みます。また、パーツに着る人の名前と型紙を作った年月を記入しておくと、整理しやすくなります。

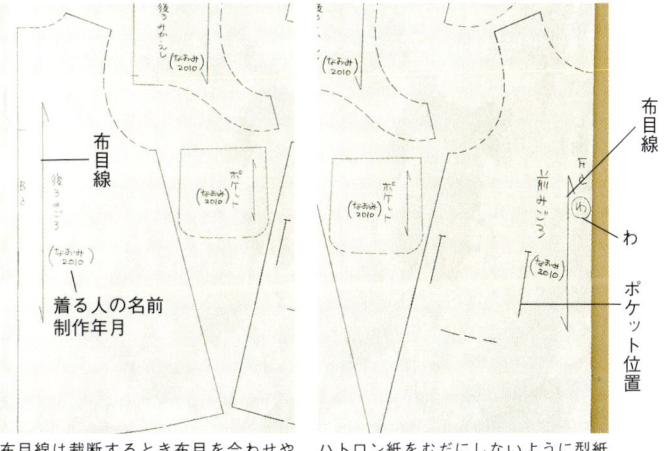

布目線は裁断するとき布目を合わせやすいように長く引く。

ハトロン紙をむだにしないように型紙を配置し、情報も含めて写す。

4　型紙を切る

写し終えたら型紙を切ります。大きいパーツを切るときはウエイトを置くと切りやすくなります。型紙を切り終わったら、縫い合わせるパーツを重ねて、間違いがないか確認しましょう。情報の記入もれがないかもチェックしておきます。

マグネットピンクッション（→p.15）をウエイトにして切ってもよい。

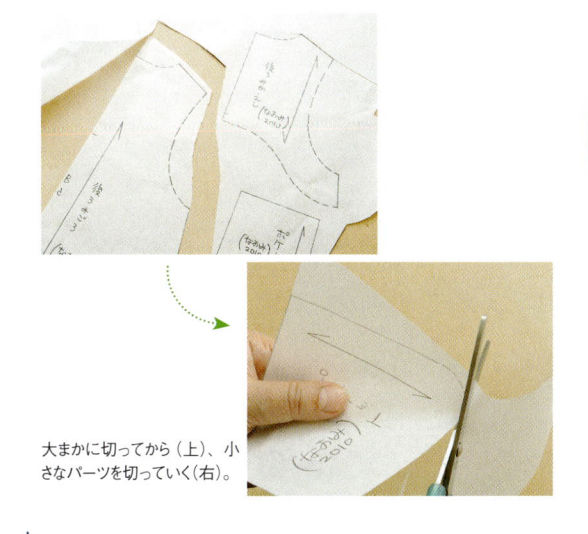

大まかに切ってから（上）、小さなパーツを切っていく（右）。

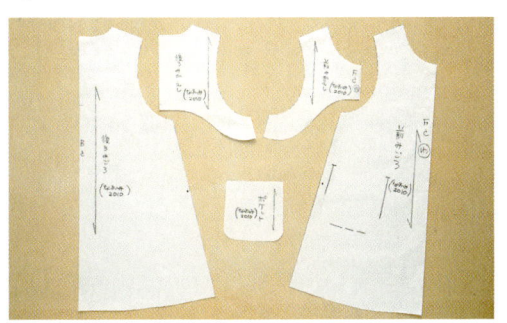

すべてのパーツを切り、情報を書き入れたところ。

アドバイス

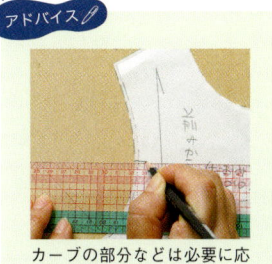

カーブの部分などは必要に応じて合印を加えてもよい。

ずれないように2枚の型紙を重ねて書き入れる。

2章　布地の準備　型紙の用意

> **布を裁つ**

型紙が完成したら、いよいよ裁断です。型紙に描かれた情報どおりに型紙を配置し、布と型紙がずれないようにして縫い代をつけ、裁ちましょう。

用意するもの……まち針、方眼定規、裁ちばさみ、チャコペン、布用複写紙、ルレット、めうち

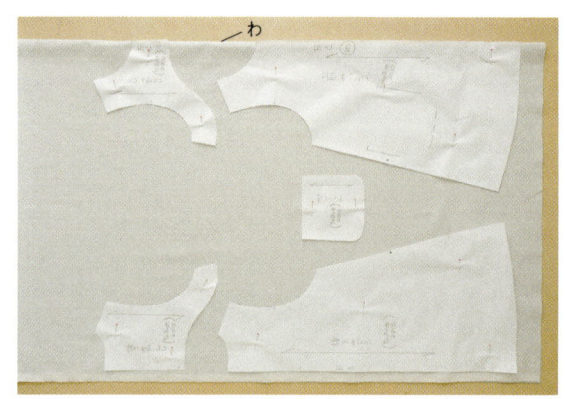

1 型紙を配置する

前身頃と後ろ身頃の間にポケットを置いて布を有効に使う。

型紙を配置するときのポイント

- 布を中表（2枚の布の表と表を内側にして合わせること）に二つ折りにし、大きなパーツから型紙を置いていきます。
- 型紙の矢印の方向を「たて地」に合わせ、「わ」の印がある型紙は二つ折りにした部分に合わせて置きます。
- 縫い代部分が必要なので、型紙と型紙の間は必要に応じてあけましょう。
- スペースのあいたところにポケットなどを置くと布のむだがありません。
- 型紙はまち針でとめますが、縫い代線をつけるとき定規のじゃまにならないよう、5〜6cm内側をとめます。

2 縫い代をつける

型紙についている指定の寸法の幅で縫い代線を描き入れます。この型紙の縫い代寸法は、脇線と後ろ中心線は1.5cm、裾は4cm、ポケット口は3cm、ほかはすべて1cm。

脇線と平行に、1.5cmの縫い代線をチャコペンで引く。

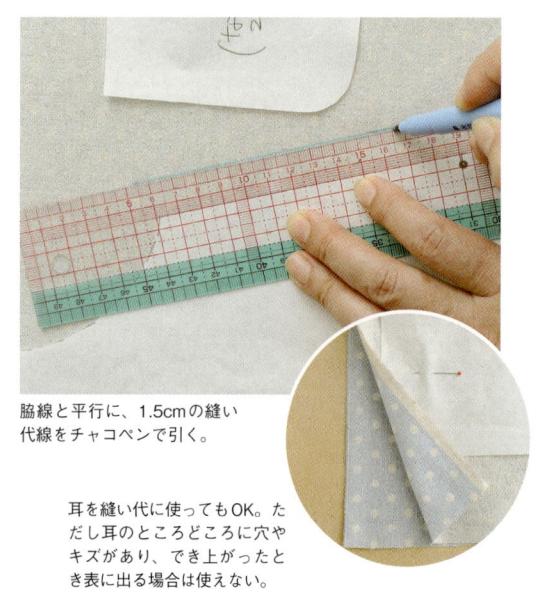

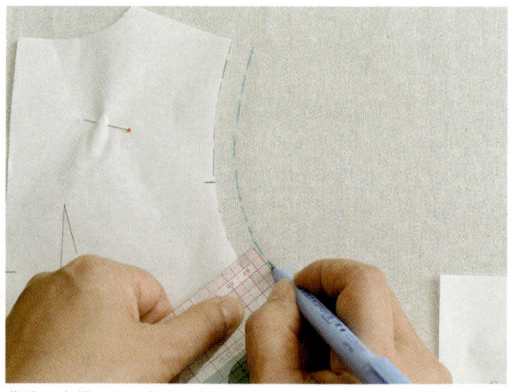

耳を縫い代に使ってもOK。ただし耳のところどころに穴やキズがあり、でき上がったとき表に出る場合は使えない。

曲線は定規の短い部分を細かく動かして、型紙のカーブに沿って1cmの縫い代線を引く。

3 裁断する

縫い代線に沿って裁ちばさみで布を切ります。布を持ち上げず、刃先を浮かさないようにして、片手を添えながら切るのが基本。重ねた布がずれないように裁断していきます。

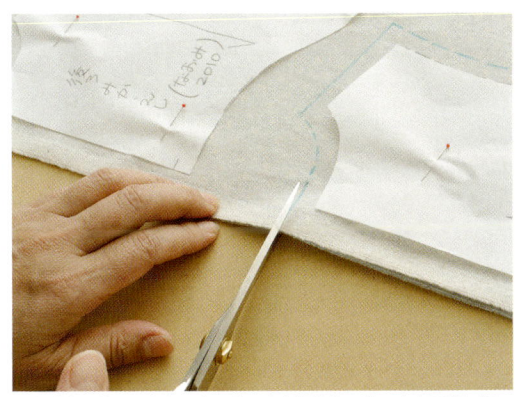

刃を垂直に入れ、もう一方の手で布を押さえ、線の上を正確に切っていく。

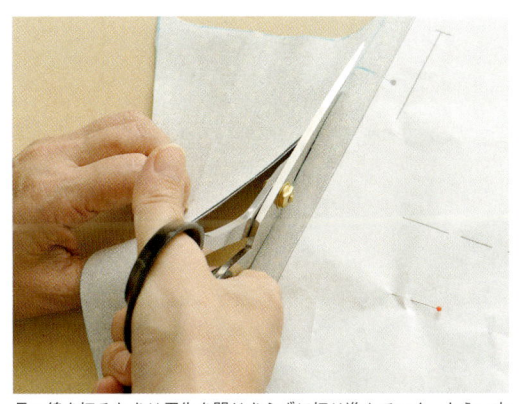

長い線を切るときは刃先を閉じきらずに切り進んでいく。もう一方の手で切り落とす布をフォローする。

角はぴったりとめるのではなく、0.5cmぐらい線よりオーバーして切る。

これはNG!

布を持ち上げたり、途中で刃を閉じ切らない

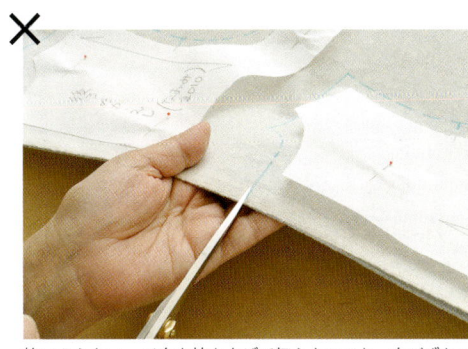

✕ 怖いからといって布を持ち上げて切らないこと。布がずれてしまう。

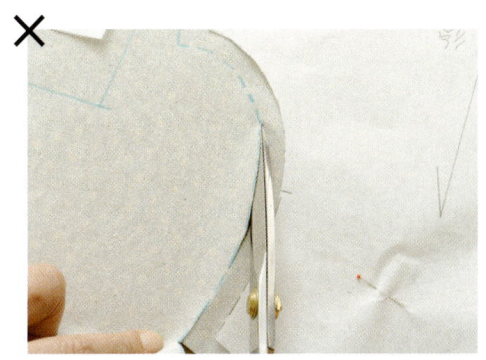

切る方向が同じ場合は、並んでいるパーツも切る。

✕ 線の途中で刃を閉じきってしまうと、縫い代に段差がつきやくなる。

4　印をつける

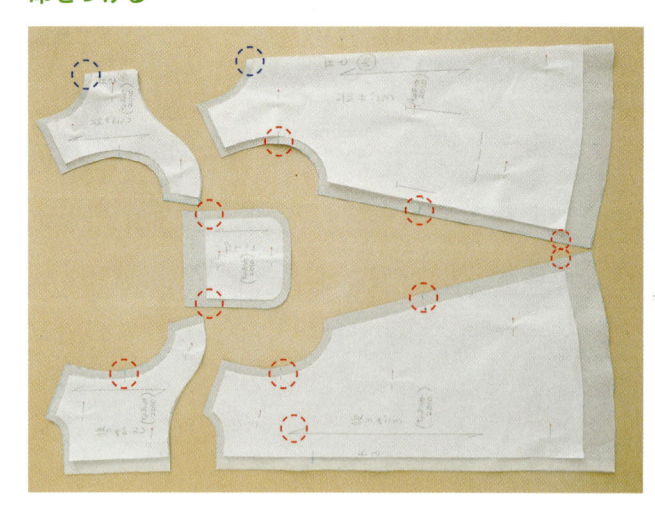

> **印つけのポイント**
>
> 裁断した布に小さく切り込みを入れたり、めうちやルレットなどで印をつけます。
>
> ・縫い代に0.3～0.4cmの切り込みを入れて印にすることを「ノッチ」といいます。すべての合印とあきどまりにノッチを入れ（①）、裾線にもノッチを入れておきます（②）。
> ・前身頃と前見返しの中心は、縫い代を小さく三角に切って印をつけましょう（③）。
> ・ダーツの先やポケットの位置には、ルレットやめうちを使って印をつけます（④）。
>
> 左の型紙で赤はノッチ、青は布を小さく三角に切って印をつけるところです。

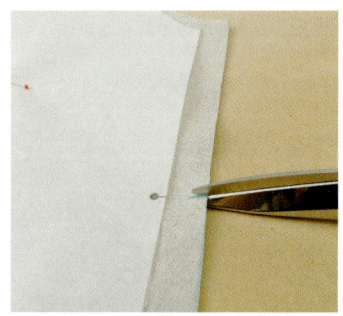

①　合印には、はさみの先で縫い代にノッチ（切り込み）を入れる。

②　裾の縫い代にノッチを入れておくと、裾上げが手早くできる。

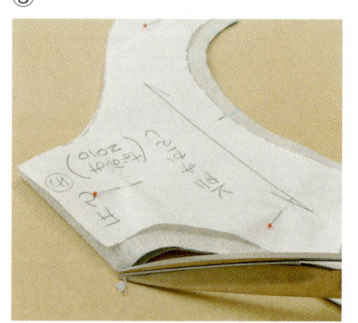

③　前身頃と前見返しの中心は小さく三角に切って印をつける。身頃と中心を合わせるときに便利。

ポケット位置の印つけ（A・Bどちらかの方法で）

④

A　ポケット位置の線は布と布の間に布用複写紙をはさみ、型紙の上からルレットでなぞって印をつける。

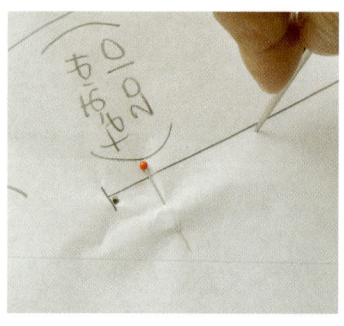

B　アイロン台の上などに布を置き、ポケット位置の少し内側にめうちで印をつける。

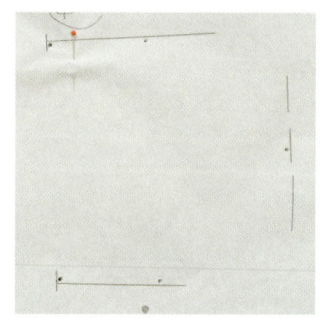

全部で5カ所ぐらい印をつける。

ソーイング Q&A 05

Q 方向性のある柄の型紙の配置で注意することはある？

A 型紙を差し込んで逆方向に配置しないように。

柄や織りに方向性のある布の場合は、必ず同じ方向に配置して裁ちます。①のように配置すると布をむだなく利用することができますが、でき上がったとき、後ろスカートの柄が逆さまになってしまいます。②のように柄が一方方向になるように配置しましょう。

型紙の上下の方向を統一しないで並べることを「差し込み」といいますが、この方法は毛並みのないものや無地、方向性のない柄のときに用います。

① 後ろスカート／前スカート
② 前スカート／後ろスカート

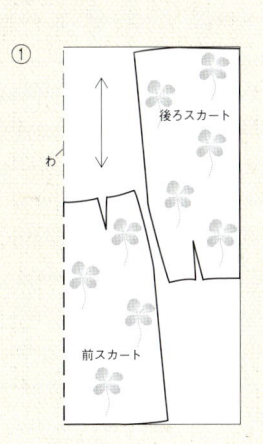

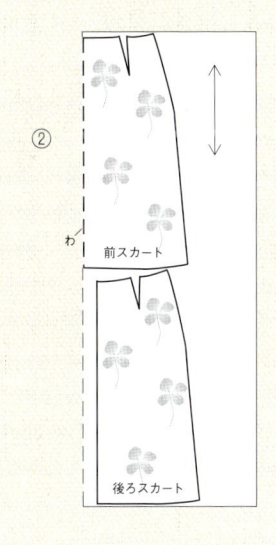

ソーイング Q&A 06

Q ラミネート加工をしてある布の印つけは？

A マスキングテープで印をつける。

ラミネート加工をした布や合皮などのチャコペンで印をつけられない素材は、マスキングテープを使うのがおすすめです。バッグの持ち手の位置は、写真のようにマスキングテープを貼り、目印にします。また、こうした素材を縫うときはすべりをよくするため、シリコン剤を使うとよいでしょう。縫う部分にスプレーするか塗っておくと、普通の押さえ金でもスムーズに縫えます。厚手のデニムや帆布の重なった部分なども、縫い目にシリコン剤をつけると、目飛びや糸切れの防止になります。

シリコン剤には、スプレータイプや塗るタイプがある

5 まち針の打ち方としつけのかけ方

必要な場所にまち針を打ったり、しつけをかけるのは、本縫いをする前に必要な準備で、作品をきれいに仕上げるための大切な作業のひとつです。ソーイングの基本でもあるのでマスターしておきましょう。

まち針の打ち方

まち針は縫い合わせるときに、布がずれないようにするために使います。2枚の布を合わせ、縫い線に対して垂直に打つのが基本です。

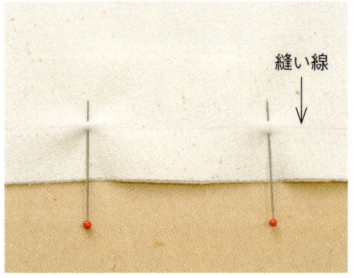

縫い線↓

2枚の布を合わせ、縫い線上の布を小さくすくってまち針を打つ。

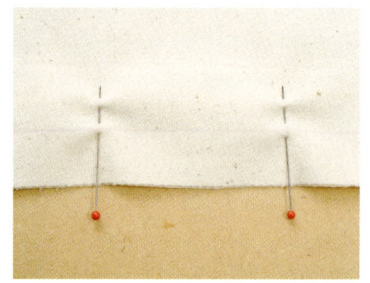

薄地など安定しない布の場合は、縫い線上の布をすくったあと、さらにもう1回すくう。

アドバイス

曲がったり、折れた針はそのままにしておくと危険です。小さなびんやプラスチック製のあきケースなどに入れて、子どもの手の届かないところに保管しておきましょう。針の捨て方は地域の自治体の方針にしたがってください。

これはNG!

危険な打ち方、布がずれる打ち方はしない

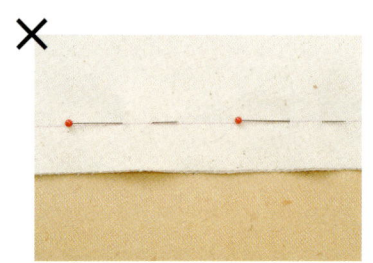

× 縫い線に沿って打つ。指に刺さることもありたいへん危険。

× 斜めに打つ。布がずれやすく、しっかりとまらない。

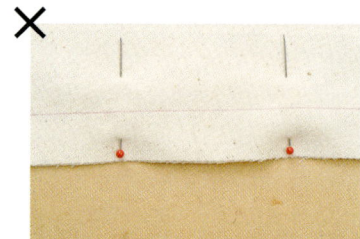

× 大きくすくいすぎる。この打ち方も、布がずれやすく、しっかりとまらない。

しつけ糸の扱い方

しつけ糸は1本の長い糸を輪にした状態で束ねられています。包装紙などで巻いて、使いやすい状態にしておきましょう。

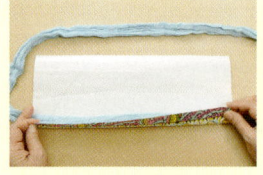

1 束ねていた糸をほどいて輪に広げ、糸の輪の片側に包装紙を巻く。

2 巻いた包装紙の上に、もう一方の輪をのせて巻く。

3 軽く巻いて、巻き終わりをテープなどでとめる。

4 片方の糸束をカットする。使うときは輪になっているほうから1本ずつ引き抜く。

しつけのかけ方

縫い合わせる2枚の布の形が違うとき、まち針だけでは布がずれそうで不安なとき、厚地でまち針を打ちにくいとき、仮どめをしてサイズを確認したいときなどにしつけをかけます。ミシンをかける縫い線上にしつけをかけると、あとでほどくのが手間なので、少し縫い代側に寄せてしつけをかけましょう。また布は小さめにすくうほうが、しっかりとまります。よりきっちりとめたいときは、やや細かな針目にし、返し縫いを入れましょう。

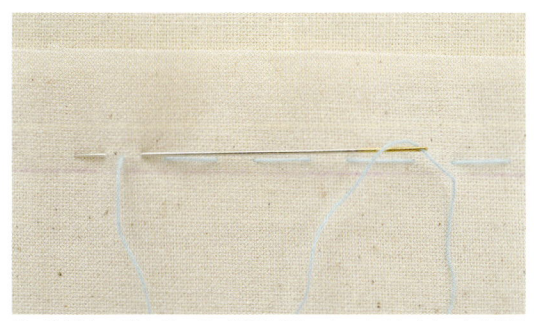

縫い線（紫色の線）に近い縫い代側を縫う。しっかりとめたいときは返し縫いをプラス。

布は小さめにすくう。

これはNG!

針目の位置や大きさに注意

✗ 針目が縫い線にまたがっていると、あとでほどきにくくなる。

✗ 針目が大きな等間隔だときちんととまらない。

置きじつけの仕方

パンツやコートの脇縫いなど、長くしつけをかける場合は、布を置いてしつけをかける「置きじつけ」をします。テーブルの上にケント紙などを敷き、長めの針でしつけをかけます。

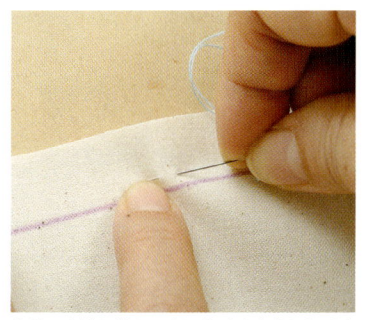

左手の人差し指のつめにあてるようにしてすくう。

左手の薬指と中指で布を押さえながら、糸を出す。

縫い線（紫の糸）より少し縫い代側を縫っていく。

玉結びの作り方

縫った糸が布から抜けないよう、糸端に結び目を作ります。
あとで抜いてしまうものなので、結び目を目立たせる作り方も知っておくと便利です。

①
1　2　3　4

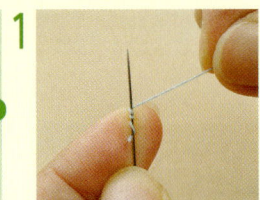

糸端を人差し指にのせて針で押さえ、糸を針に2～3回巻きつける。巻いた部分を下に寄せ、そのまま親指で糸の部分を押さえて右手で針を引き抜く。

②
1　2　3　4

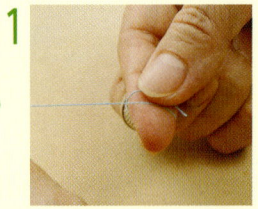

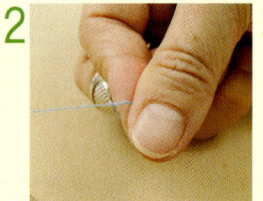

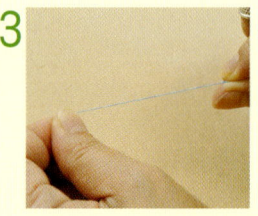

人差し指に糸を2～3回巻きつけて、巻いた部分を親指と人差し指でよじる。糸の部分を引くと大きめの玉結びになる。

③
1　2　3

糸端を3cmほど二つ折りにし、①の要領で作ると、大きなループつきの玉結びになる。織りの粗い布や毛足のあるものなどに。

＼①～③のでき上がり！／

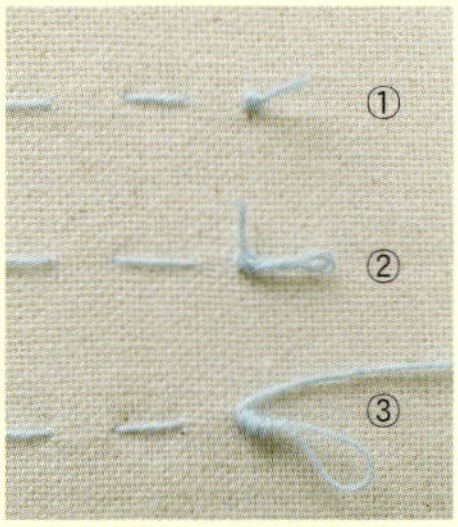

① ② ③

指ぬきの使い方

初めのうちは指ぬきを使ってうまく縫えないかもしれませんが、使いこなすとボタンつけや、まつり縫いなどの作業が楽になります。左利きの人は針を左手で持ち、左から右に縫います。

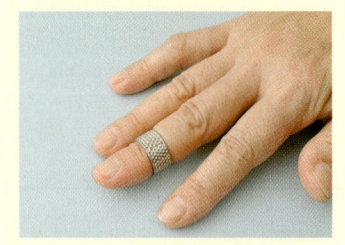

1　指ぬきは利き手の中指の第一関節と第二関節の間あたりにはめる。

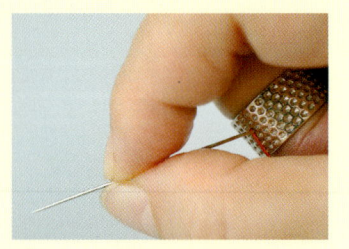

2　針は親指と人差し指で持ち、針穴のあるほうを指ぬきにあてる。

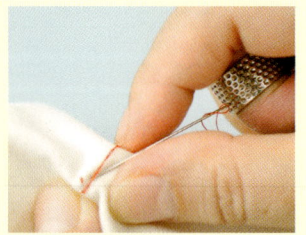

3　指ぬきで針を押し出すようにして縫い進める。

3章

ミシン縫い　10の基本

1 直線を縫う

ミシンかけのスタートです。まず直線から縫ってみましょう。縫い始めと縫い終わりは3〜4針重ねて縫い、ほどけないように返し縫いをするのが基本です。

＊本書ではわかりやすいように、赤いミシン糸を使用しています。

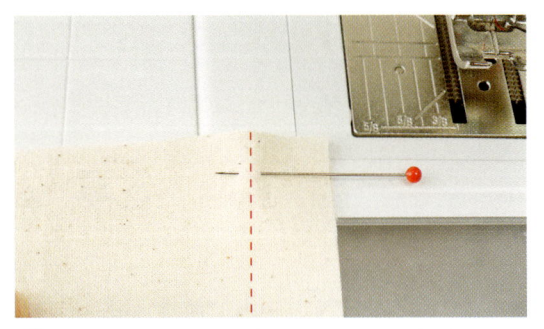

1 縫う線に対して、垂直になるようまち針を打つ。

2 上糸と下糸を引きそろえ、押さえ金の下から後ろに流し、布を入れる。

3 はずみ車を回し、布端より1cmぐらい手前に針を下ろす。

4 まち針をはずす。

5 押さえ金を静かに下ろす。

6 返し縫いボタンを押して、3〜4針返し縫いをする。

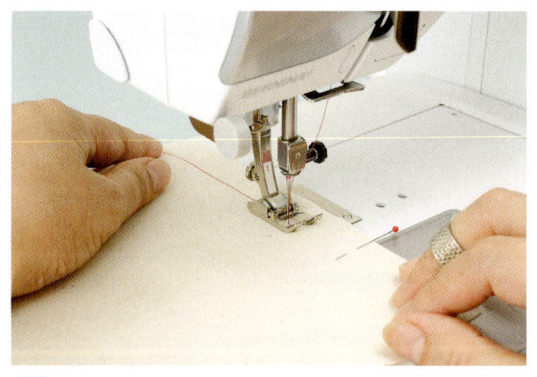

7 布の向こう側と手前を軽く手で押さえ、たるまないようにしながらまっすぐ縫い進む。

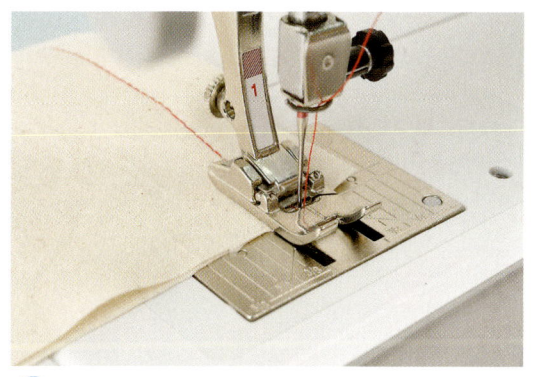

8 布端まで縫ったら、縫い始めと同じように3〜4針返し縫いをする。

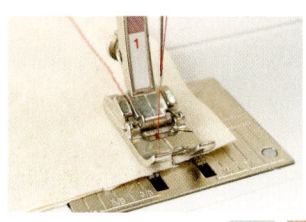

9 針をいちばん上まで上げ(上)、押さえ上げレバーを上げる(下)。

10 布を横に引いて、糸を10cmほど引き出す。

11 布のきわで上糸(上)と下糸(下)を切る。

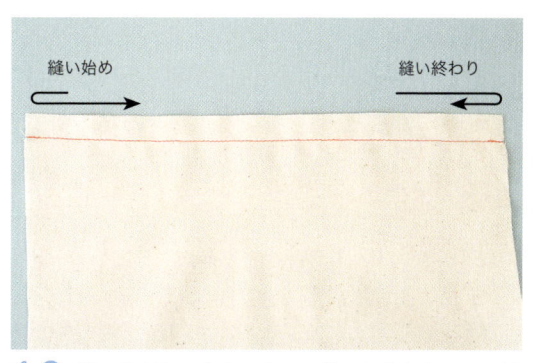

12 縫い上がり。矢印のように始めと終わりは返し縫いをして、同じところをもう一度縫うので、ほどけにくくなる。

縫い始め　　　縫い終わり

3章　ミシン縫い　10の基本　直線を縫う

上手に縫うためのコツ

薄地を縫うとき

サテンや裏地などのすべりやすい薄地を縫うときは、しつけをかけ、薄い紙を敷いて縫うときれいに仕上がります。

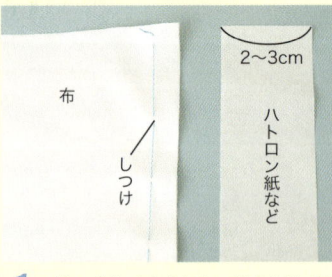

1 縫い合わせる布にしつけをかけておく(左)。ハトロン紙またはエアメール用の紙などを用意する(右)。紙は、幅2〜3cmぐらいに細長くカットしておく。

2 布の下に紙をセットして、右手で布と紙を押さえながら縫う(紙にしつけはしない)。

3 縫い終わり。縫い目がつれずに、まっすぐ縫えている。

4 縫い目に沿って紙をはがす。

5 左は紙を敷いた縫い目。右は紙を敷かなかった縫い目で、糸がつれて、布が波打っている。

6 縫い代を割って表から見たところ。紙を敷いた布(左)はしわも寄らず、きれいな仕上がり。

伸縮性のある布を縫うとき

ジャージーなどの伸縮性のある布と普通地を重ねて縫うときは、普通地を上にし、めうちで布を押さえながら縫います。逆の場合は押さえ金の下に薄い紙を敷くと縫いやすくなります。どの縫い方の場合も、必ず試し縫いをしてから本縫いをしましょう。

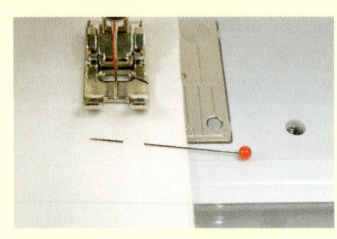

押さえ金の下に薄い紙を敷いて一緒に縫う。

そのままミシンをかけると、上の布がよれて、縫い合わせがずれてしまう。

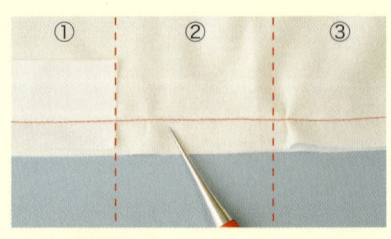

左から(伸縮性のある布を上にして重ね)①紙を敷いて縫う、②めうちで布を押さえながら縫う(→p.13)、③そのまま縫う。①が最もきれいに仕上がっている。

幅をそろえてまっすぐ縫うために

あらかじめ縫い代幅を決めて布を裁断し、布端からその幅で縫うと縫い線の印をつける手間が省け、ミシンかけが手早くきれいにできます。そんなときガイドしてくれるものがあると便利です。

マグネット定規を使う

針板に磁石で固定して使います。布端を定規にあてながら縫うので、同じ幅で縫うことができます。

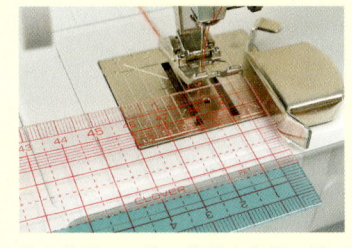

針の位置から縫い代幅を定規で測り、押さえ金と平行にして針板に置く。

→ 布端を定規に沿わせて縫う。

ステッチ定規を使う

ミシンの針棒の後ろ側にセットし、縫い代幅に合わせてガイドの位置を固定します。ミシンの付属品としてついている場合もあります。購入するときはミシンの機種を確認して合うものを選びましょう。

針棒の後ろにステッチ定規のポール部分を差し込み、縫い代幅にガイドをスライドさせて固定する。

→ 布端を定規に沿わせて縫う。

厚紙を貼る

厚紙で簡単にガイドを手作りすることもできます。1.5cm×3cmぐらいに厚紙（古ハガキなど）を切り、1cm折ります。針の位置から縫い代幅を定規で測り、押さえ金と平行にして、マスキングテープなどで貼りつけます。

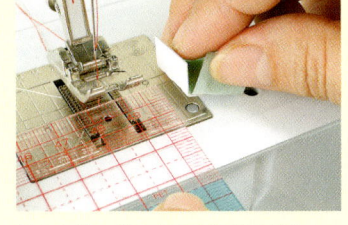

針から縫い代の長さを定規で測り、マスキングテープで厚紙をとめる。

→ 布端を厚紙に沿わせて縫う。

押さえ金の幅を利用する

押さえ金の右端に、布端を合わせながらミシンをかけます。押さえ金の幅はミシンによって差がありますが、だいたい0.7cm前後です。ステッチをかけるときに使います。

押さえ金の幅を定規代わりにして縫う。

2 裁ち端と縫い代の始末

ほとんどの布地は裁断した状態のままだとほつれやすいため、ジグザグミシンをかけたり、折ってミシンをかけて裁ち端の始末をします。縫い代の始末のしかたにも、いくつかの方法があります。

裁ち端の始末

1 ジグザグ縫い

裁ち端のほつれどめとして、ジグザグミシンをかけます。薄地の1枚の布にかけると糸に引かれ、ジグザグの縫い目の幅が縮まることがあります。そこで上糸をゆるめ、布の少し内側にかけて、あとで余分な布をカットします。

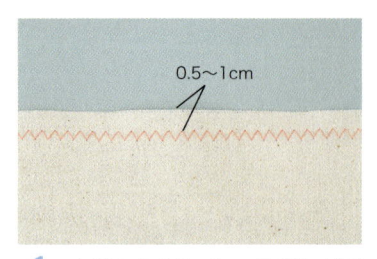

1 布端から0.5〜1cm内側にジグザグミシンをかける。

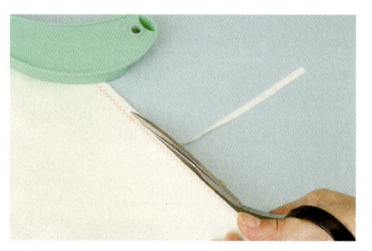

2 布の上にウエイトを置いて押さえ（アイロン台に布を置いてまち針で留めてもよい）、余分な布を切る。

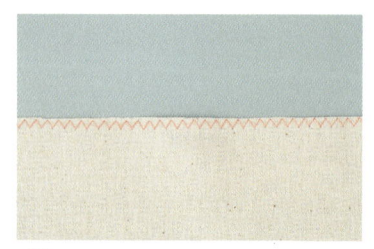

3 縫い上がり。

2 裁ち目かがり

裁ち目専用の押さえ金を使って布端に直接ミシンをかける方法。専用の押さえ金を使うと薄い布1枚でも布端を巻き込まず、振り幅（→p.9）をそろえて縫うことができます。この押さえ金を使って、ジグザグ縫いもできます。

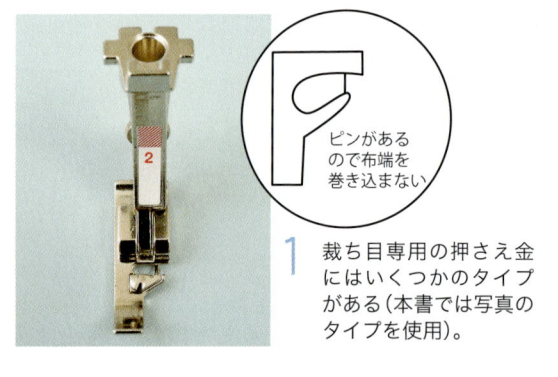

1 裁ち目専用の押さえ金にはいくつかのタイプがある（本書では写真のタイプを使用）。

ピンがあるので布端を巻き込まない

2 ミシン針が左右に動くので、右側は布端のぎりぎりに針が落ちるように縫う。

3 縫い上がり。

こんなステッチも！

ジグザグ＋直線縫いが入ったステッチ。麻などのほつれやすい布地の裁ち目かがりなどに使う（ミシンによって縫えるステッチはさまざまなので確認しましょう）。

3　ロックミシン

ロックミシン（p.11）で裁ち端を巻きかがります。ロックミシンは糸の本数が2～4本まであり、本数が多いほどかがり目がしっかりします。縫い目が伸びるのでニット素材やストレッチ素材もOK。既製品の縫い代の始末にはたいていロックミシンが使われています。

ロックミシン糸

ロックミシン専用の糸。普通地用のほか、薄地用、ニット用、飾り縫い用などもある。

縫い代を割るとき

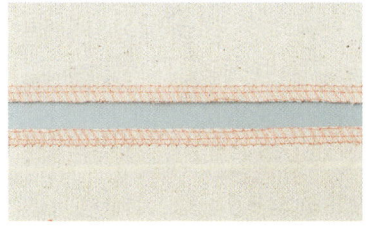

縫い代を割って仕上げる場合は、2枚の布の両方の裁ち端にかける。

片倒しのとき

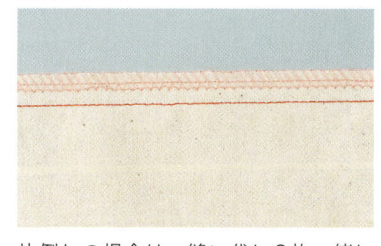

片倒しの場合は、縫い代に2枚一緒にロックミシンをかける。

ロックミシン糸の始末の方法

ロックミシンは返し縫いができないので、布端ぎりぎりでカットすると、そこから縫い糸がほどけてきてしまいます。そのため縫い始めと縫い終わりは7～8cmカラ環（生地がないロック糸のこと）を出しておきます。そのあとその部分にほかの縫い目（袖・衿つけ・ステッチなど）が入る場合はそのまま切りますが、縫い目が入らない場合は、下のような方法でロックミシン糸の始末をします。

縫い目が入る場合

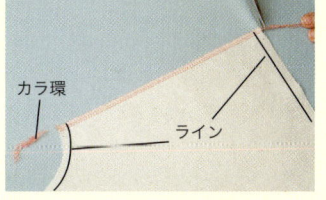

カラ環／ライン

切ったあと、ラインのところを縫う場合は、とくに処理をせず、縫う直前にカットしておけばほどけてこない。

裏側の縫い代で筒状の場合

1　ひと回り縫い、カラ環を布のきわで結ぶ。
2　結んだ糸を伸ばす。 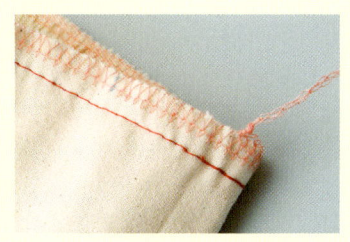
3　0.5cmぐらい残してカットする。 

縫い代が見える位置にある場合

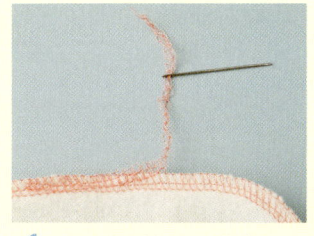

1　カラ環を刺しゅう針（または毛糸のとじ針）に通す。
2　裏の縫い目に糸をくぐらせ、糸が浮かないようにしごいて切る。 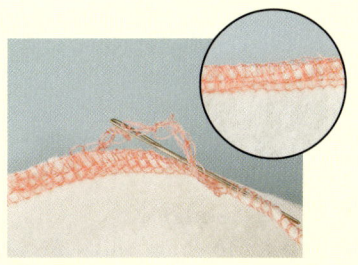

角の場合

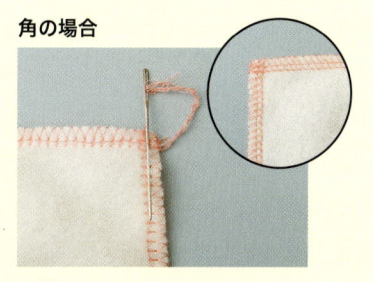

同様に針を通し、裏の縫い目にくぐらせ、しごいて切る。

4　端ミシン

縫い代の端を0.5cmほど折り、折った端にミシンをかける方法です。

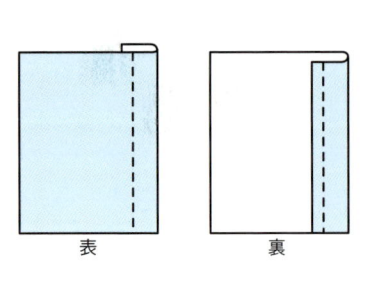

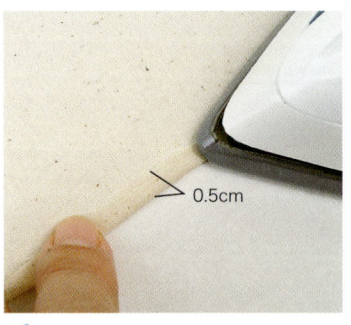

表　裏

1　縫い代を0.5cmほど折り、折り目にアイロンをかける。

2　表から端ミシンをかける。押さえ金などをガイドにすると、同じ幅で縫える。

2枚の布を合わせたときの縫い代の始末　身頃の脇や肩、パンツの脇など

1　縫い代を割る

縫い合わせたところの縫い代を開いてアイロンをかけることを「縫い代を割る」といいます。縫い合わせる前に、裁ち端の始末をします。

1　裁ち端の縫い目（この場合はジグザグ縫い）にアイロンをかけて落ち着かせる。

2　布地を中表に合わせて縫う。

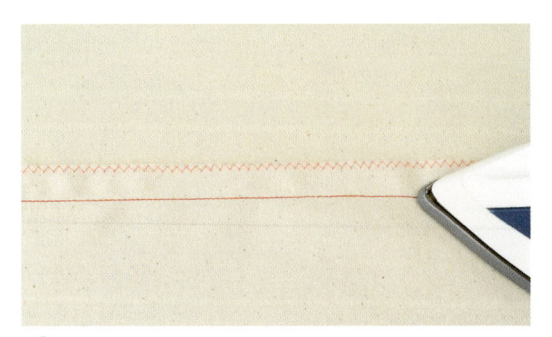

3　縫い目に軽くアイロンをかける。

4　人差し指で縫い目を開きながら、アイロンをかけて縫い代を割る。

端ミシンをかけて縫い代を割る方法

1 端ミシン(→p.56)をかけたあと、布地を中表に合わせて縫う。

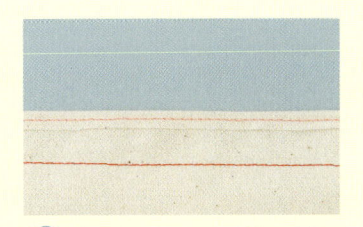

2 縫い合わせたところ(赤の糸)。

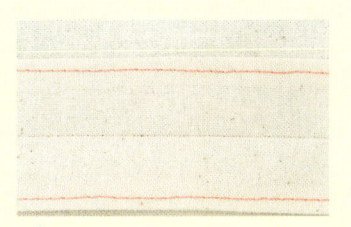

3 縫い代を割る。

きれいに縫い代を割るコツ

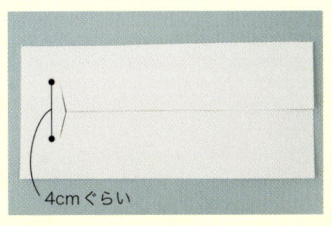

写真のように厚紙にY字の切り込みを入れる。(4cmぐらい)

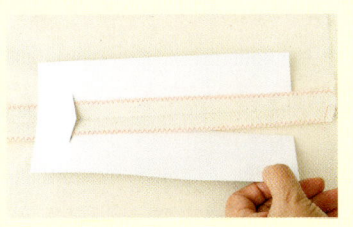

縫い代と布の間に厚紙をはさみ入れ、上からアイロンをかける。

表から見たところ。縫い代が表にひびかず、フラットな状態できれい。

薄地の場合

サテンのような薄地の縫い代を割る場合も、厚紙を使うと縫い代が表にひびかず、なめらかな仕上がりに。

厚紙を使わないと、縫い代のラインが表にひびいてしまう(アタリが出るという)。

厚地のストレッチ素材の縫い代の始末

圧縮ニットなどの厚地のストレッチ(伸縮)素材の場合、縫い代を割ってステッチをかけると縫い代がごろつきません。裏地のないジャケットを仕立てるときなどに使います。

1 布地を中表に合わせて縫い、縫い代を割る。

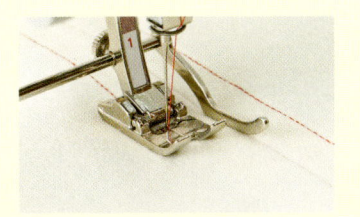

2 ステッチ定規の端を縫い目に合わせ、表からステッチをかけ、縫い代を押さえる。

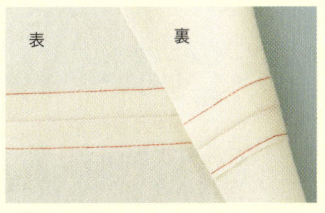

3 縫い上がり。

3章 ミシン縫い 10の基本 裁ち端と縫い代の始末

2　縫い代を片側に倒す（片返し）

布を縫い合わせてから裁ち端の始末をし、縫い目をアイロンで折って片側に倒す始末の方法です。ほとんどの場合、縫い代の位置にステッチをかけて押さえます。

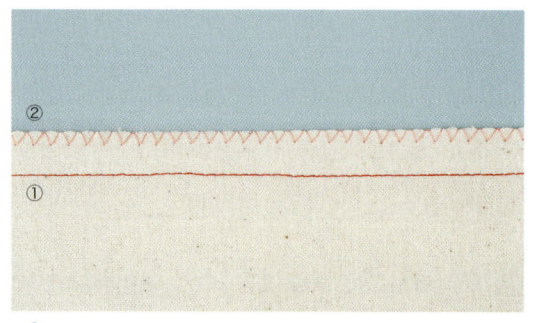

1 布を縫い合わせてから（①）、縫い代の端に2枚一緒にジグザグミシン（またはロックミシン）をかける（②）。

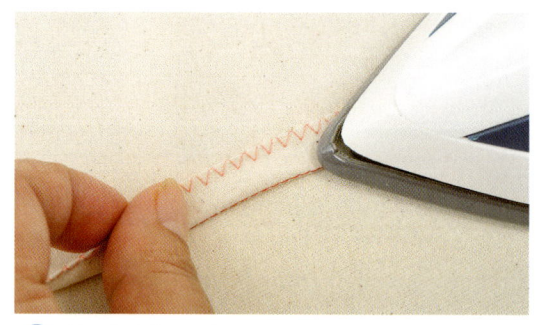

2 縫い代を片側に倒し、アイロンで押さえる。

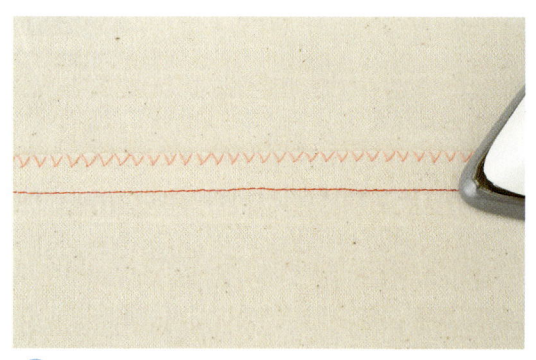

3 布を広げて縫い代にアイロンをかけて押さえる。

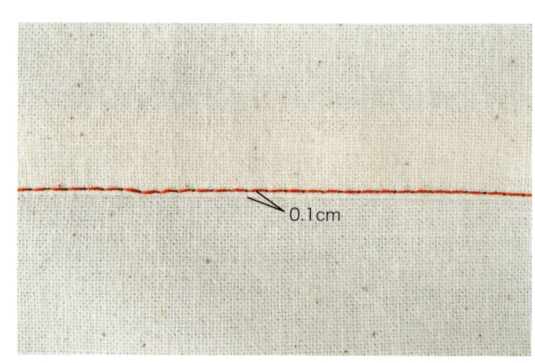

4 縫い代を押さえるため、表から縫い目のきわ0.1cmのところにステッチをかける。

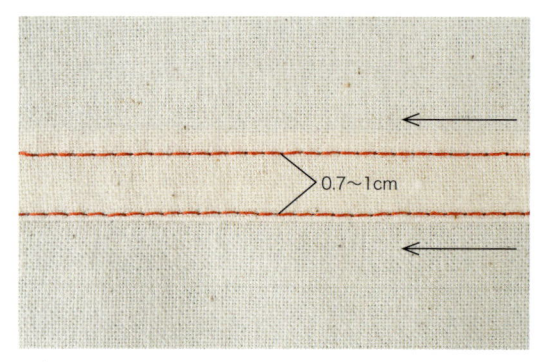

最初のステッチと平行に、2本目のステッチを0.7～1cmの幅で入れるとダブルステッチになる。2本目は1本目と同方向にかける。

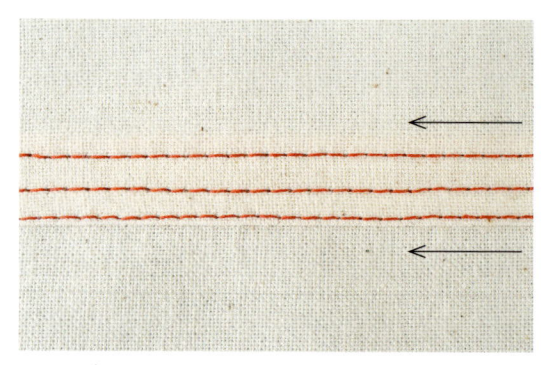

丈夫な仕上がりにする場合は、間にもう1本ステッチを入れる。

3　くるんでジグザグミシンで押さえる

布端をくるんでジグザグミシンで押さえる方法です。帆布やデニムなどの厚地のバッグなどで、裏をつけずに仕上げるときに向いています。

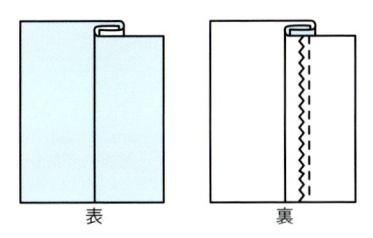

表　裏
縫い代は1.5〜2cmつける

1　布を中表に合わせ、でき上がり線のところで縫い合わせ、上の布だけ縫い代の幅を半分に切る。

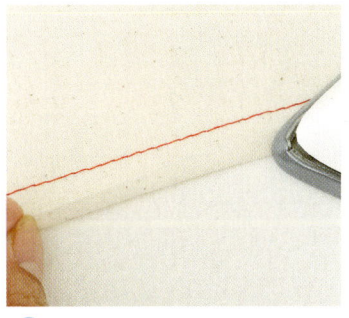

2　切った縫い代をくるむように、下の布の縫い代を折り込み、アイロンをかける。

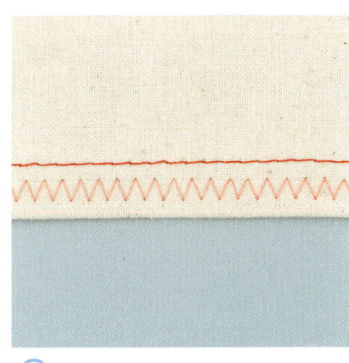

3　くるんだ縫い代を押さえるように、布端にジグザグミシンをかける。

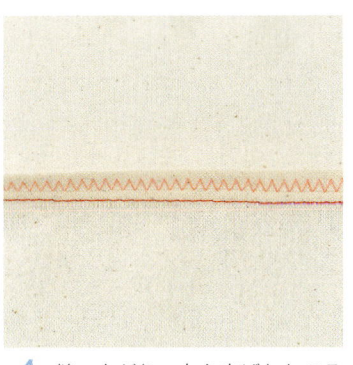

4　縫い上がり。布を広げたところ（裏）。

縫い上がり（表）。

アイロンをかけにくい素材の縫い代を割る始末

厚手ナイロン、ビニール素材、フリース、ジャージーなどの素材は、アイロンがかけにくいので、縫い代を割ったあと、ジグザグミシンをかけて始末するとすっきり仕上がります。

1　縫い代を割りながら表から縫い目にジグザグミシンをかける。ジグザグの振り幅は目立たせたくないときは細かく、デザインポイントにするときは大きくする。

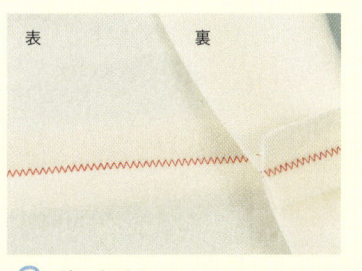

2　縫い上がり。

4　折り伏せ縫い

簡単にできて、きれいに仕上がる始末です。子ども服や薄地のシャツやブラウスの脇縫いなど、丈夫に仕立てたいときに使います。

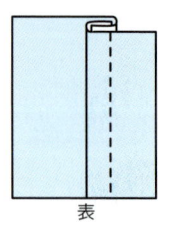

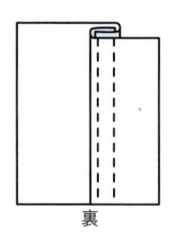

表　　裏

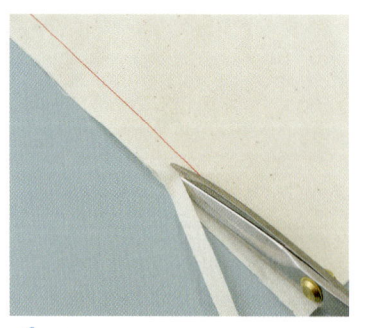

1　布を中表に合わせ、でき上がり線のところで縫い合わせ、上の布だけ縫い代の幅を半分に切る。

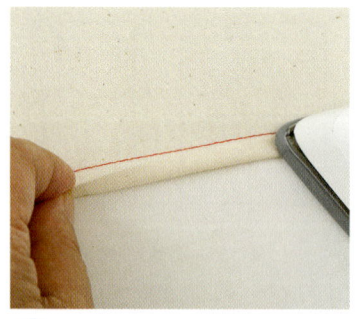

2　切った縫い代をくるむように、下の布の縫い代を折り込み、アイロンをかける。

3　さらに縫い線で折り、アイロンをかける。

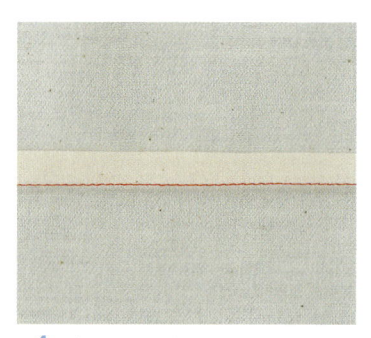

4　布を開き、縫い代を片側に倒す。

5　表から、片倒しにした縫い代にステッチをかける。

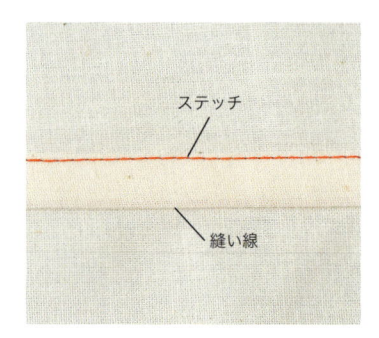

縫い上がり（表）。

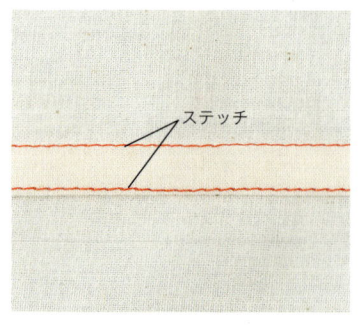

縫い線のきわにもステッチをかけるとダブルステッチ（表）。

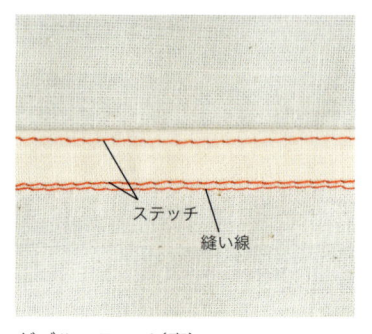

ダブルステッチ（裏）。

5 袋縫い

裁ち端を袋状にくるむ始末で、薄地やほつれやすい素材に向きます。でき上がりの縫い代幅が細いほどきれいなので、0.8cmに仕上げるやり方で説明します。

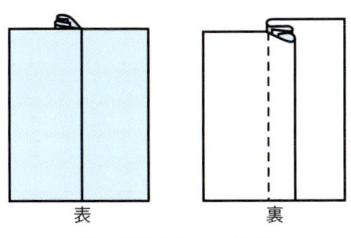

縫い代は1.5cmつける

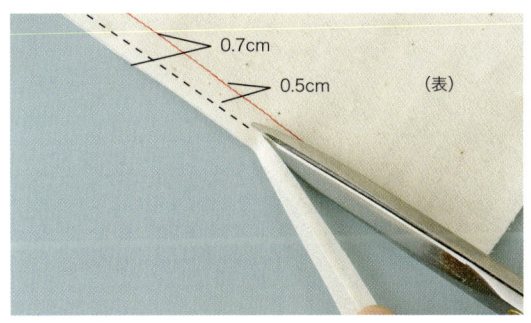

1 布を外表に合わせ、裁ち端から0.7cmのところで縫い合わせ、縫い代を0.5cmに切る。

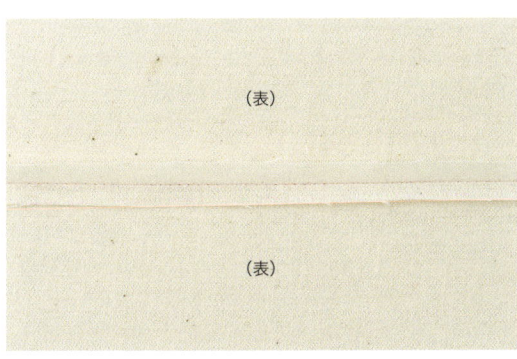

2 布を広げ、縫い代をアイロンで割る(表)。

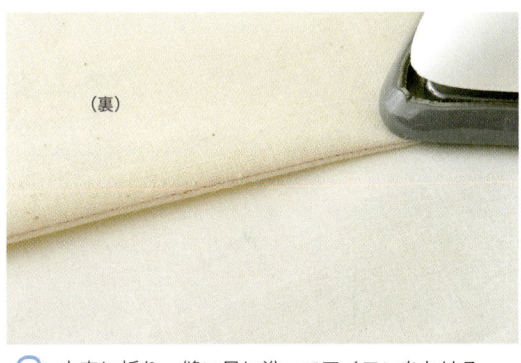

3 中表に折り、縫い目に沿ってアイロンをかける。

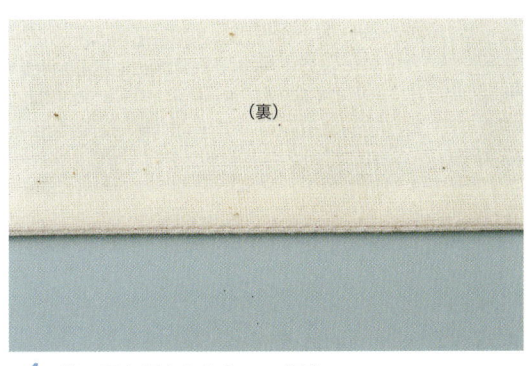

4 縫い目を押さえたところ(裏)。

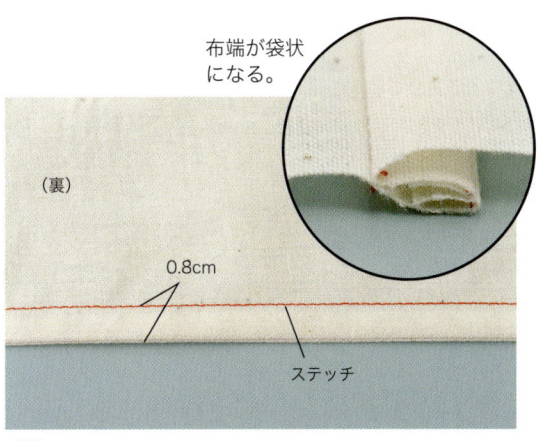

5 折り端から0.8cmのところにステッチをかける。

布端が袋状になる。

3章 ミシン縫い 10の基本 裁ち端と縫い代の始末

1枚の布の縫い代の始末　スカート、ブラウス、パンツの裾や袖口など

1　二つ折り

縫い代の幅を折って始末するいちばん簡単な縫い方。ひとえで仕立てるときも裏地をつける場合にもよく使われる方法です。先に裁ち端の始末をしておきます。

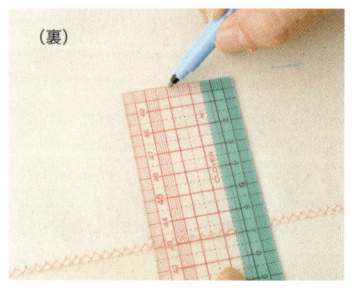

1　布の裏の縫い代幅の倍のところにチャコペンで印をつける。

2　印に裁ち端を合わせて、折り返し、縫い代の部分にアイロンをかける。

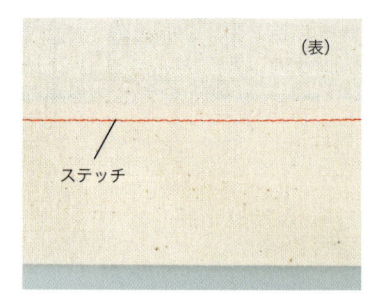

3　表からステッチをかけて仕上げる。ステッチ幅は布端から落ちない寸法にする。

フリースやジャージーなどの素材の場合

フリースやジャージーなどの伸縮性のある素材は厚紙を使うとジグザグ縫いをかけやすくなります。

1　フリースなどの素材にジグザグミシンをかけるときは、厚紙を押さえ金の下の左側にはさむとスムーズに縫える。

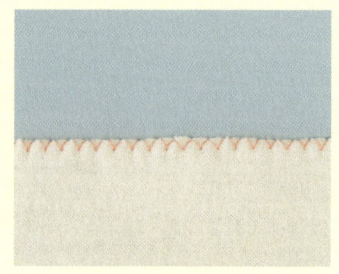

2　裁ち端が伸びたりせず、ジグザグの縫い目がそろっている。

3　縫い代裏のジグザグの縫い目に熱接着両面テープをアイロンでつける。

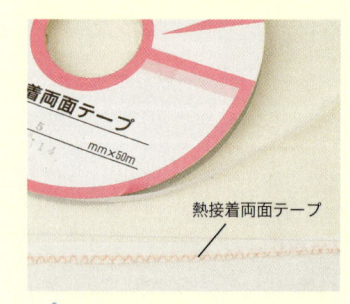

4　剥離紙の上からアイロンをかけ、テープをつけ終わったところ。

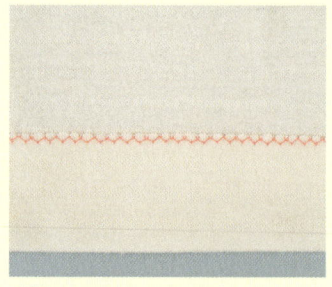

5　布端を折り、アイロンをかける。そのあと紙をはがし、もう一度アイロンで押さえて接着する。

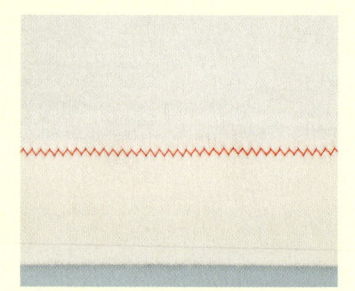

6　表から裁ち端にかかる幅でステッチをかける。ジグザグミシンでもよい。

2　三つ折り

縫い代を二度折ってミシンをかける方法で、洋服の裾や袖口の処理、巾着袋のひも通し口などに使います。通常の三つ折りと完全三つ折りの2種類があります。仕上がりは同じでも縫い代の幅が違うので注意しましょう。

通常の三つ折り（普通地向き）

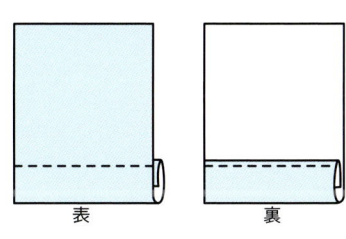

3.5cm＋1cmの縫い代をつける場合

1　布端から2cmのところにチャコペンで印をつけ、二つ折りにしてアイロンをかける。

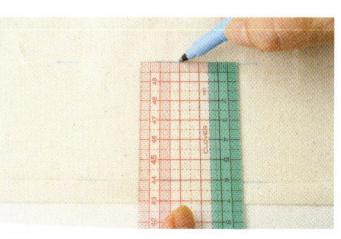

2　さらに1の折り山から7cmのところにチャコペンで印をつける。

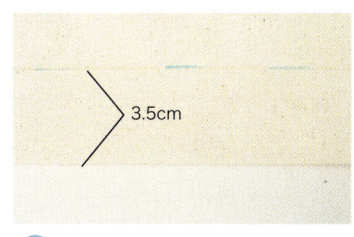

3　裁ち端を印の位置に合わせて折り、アイロンをかける。3.5cm幅の三つ折りの縫い代になる。

4　表に返し、布端から3.3cmのところにステッチをかける（ステッチ定規を使うとよい）。

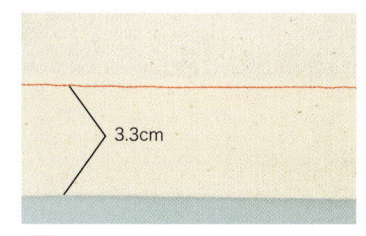

5　縫い上がり。

完全三つ折り（薄地や透ける布などで直線かなだらかなカーブに向く）

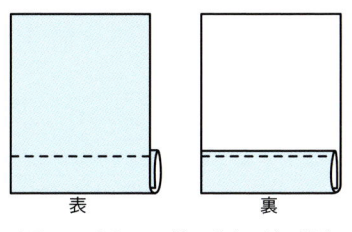

3.5cm＋3.5cmの縫い代をつける場合

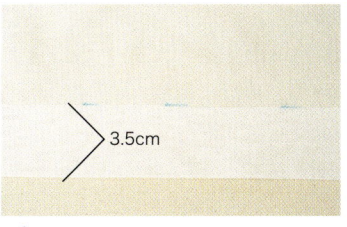

1　裁ち端から7cmのところにチャコペンで印をつけ、二つ折りにし、アイロンをかける。

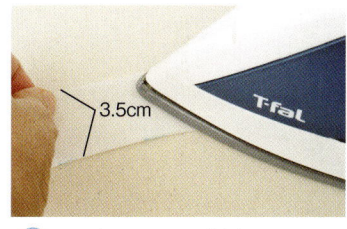

2　1の幅でもう一度折り、アイロンをかける。

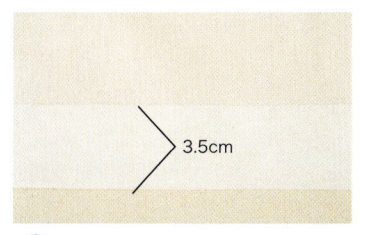

3　3.5cm幅の三つ折りにしたところ。

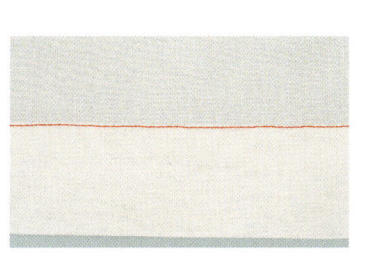

4　表からステッチをかける。縫い上がり。

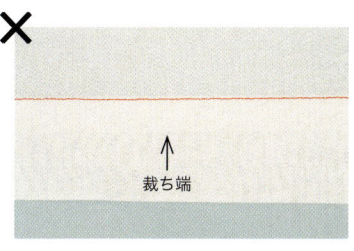

✗　薄地の三つ折りの場合。完全三つ折りにしないと裁ち端が透けて見えてしまう。

3 カーブを縫う

カーブはスピードを調節しながら、自分の縫いやすい速度でゆっくり縫いましょう。急カーブのときは、針を刺したまま押さえ金を上げて布を少しずつ回して縫い進めるのがポイントです。

外カーブ（凸曲線） 衿先が丸いフラットカラーなど

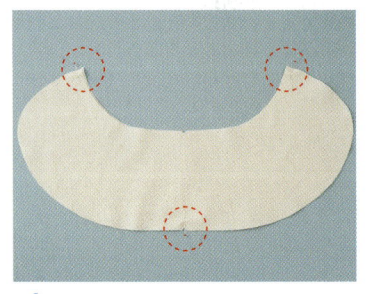

1 2枚の衿を中表に合わせ、衿の中心と衿外まわりの縫い始め、縫い終わりになるところにまち針を打つ。

2 1の中間の位置にもまち針を打つ。

3 カーブのところは間隔を狭くして多めに打つ。

4 表衿側を上にし、ややスピードを遅めにして、めうちで布を押さえながら縫う。

Point
無理に布を回さないこと

カーブを縫うとき、スピードをゆるめずに布を無理に回すと、丸みの形がゆがんでしまいます。布がずれてしまいそうになったら、いったん止めてゆっくり再スタート。

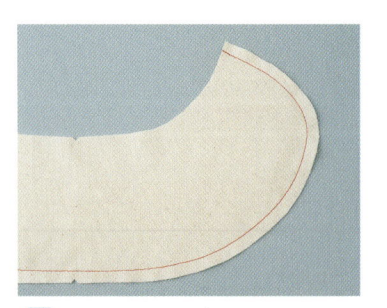

5 きれいなカーブが縫えたところ。

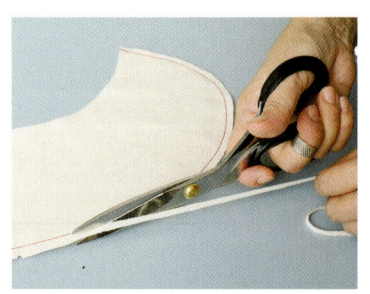

6 縫い代を0.5cmの幅にそろえて切る。

Point
縫い代を切りそろえる

カーブの縫い代は細いほうが仕上がりがきれいです。0.5〜0.7cmの縫い代でミシンかけをするのが難しい人は、1cmの縫い代で縫い、あとからこのようにカットするやり方がおすすめ。

7 アイロンの先を使い、縫い目のきわからアイロンをかけ、縫い代を表衿側に倒す。

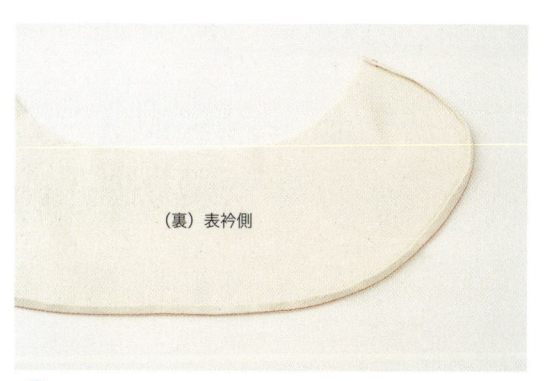

8 縫い代を表衿側に倒したところ。

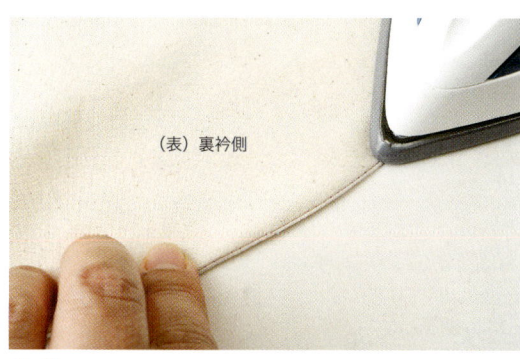

9 表に返す。

10 裏衿側を少し控えてアイロンをかける。

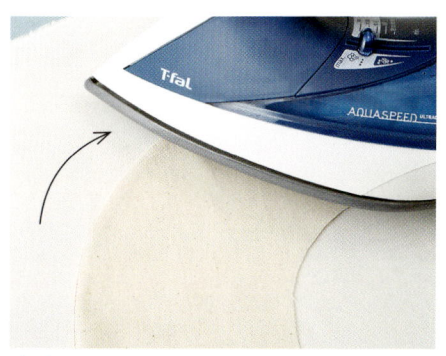

11 表衿側から、カーブに沿って少しずつ衿全体にアイロンをかける。アイロンの先は矢印のように動かす。

Point

アイロンの左側を少し浮かしてかける

アイロンの先を使うと布がよれてしまうので、仕上げはかけの面（アイロンの底）の中心の部分を使いましょう。アイロンの左側を浮かしぎみにすると、布にしわがよらず、スムーズにかけられます。

12 縫い上がり。

3章 ミシン縫い 10の基本 カーブを縫う

厚地の外カーブ（凸曲線） 衿先が丸いフラットカラーなど

1 ここではわかりやすいように裏衿をベージュの布にしてある。

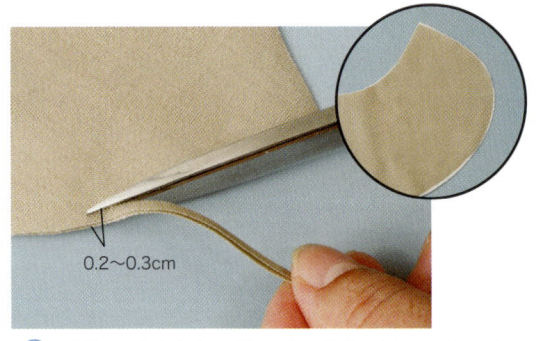

2 裏衿の外まわりの縫い代を0.2〜0.3cmカットし、裏衿を少しだけ小さくする。

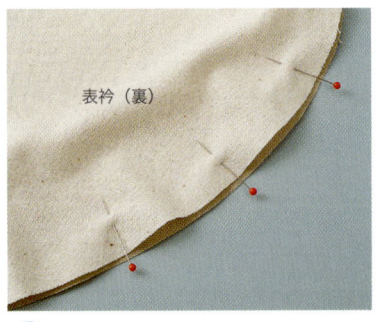

表衿（裏）

3 表衿と裏衿を中表に合わせ、まち針を打つ。カーブの部分の布の間にゆとりが入り、ふくらんだ状態になっている。

Point
慣れていない人はしつけをかける

厚地を縫う作業に慣れていない人は、しつけをかけたほうが安心です。直線部分は粗め、カーブの部分は細かめにしつけをしておきましょう。

4 左手は押さえ金のところで布を押さえ、めうちを使いながら縫う。

5 アイロンをあててから、表に返したところ。

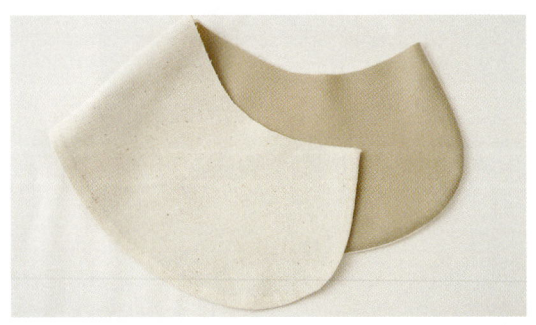

6 p.65の10と11を参照して仕上げる。

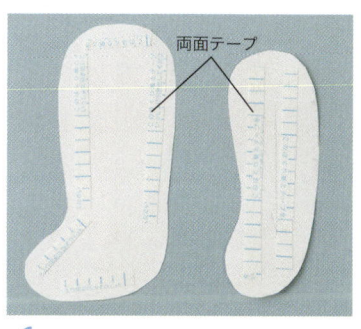

小さな連続するカーブ　　クマのぬいぐるみの手足など

1 型紙の裏に工作用の両面テープを貼る。足先の部分にも貼っておく。

2 中表に布を合わせ、その上に両面テープの剥離紙をはがした型紙をのせて貼りつけ、型紙の縁にあたらないようにまち針を打つ。

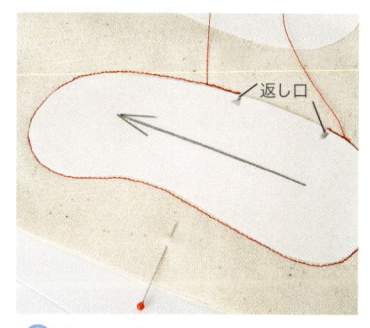

3 細かい針目に設定し、型紙のきわの布の部分に針を落とし、返し口を残して縫う。

4 急なカーブは針を刺したまま押さえ金を上げ、布を回す。

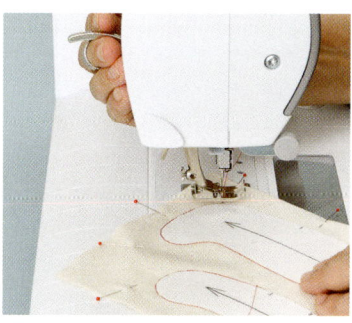

5 右手で押さえ上げレバーを上下させて、布を少しずつ回しながら縫い進める。

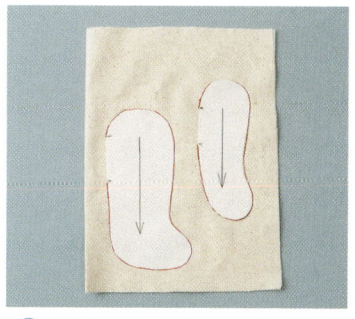

6 2つのパーツを縫ったところ。

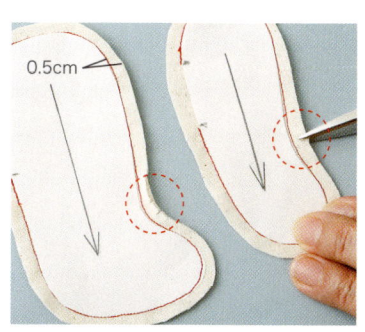

7 0.5cmの縫い代をつけてパーツを切り抜き、カーブの強いところに4～5カ所切り込みを入れる。

8 型紙をはがし、表側に縫い代を折る。手先、足先が丸いカーブになるよう、縫い代にギャザーを均等に寄せてアイロンをかける。

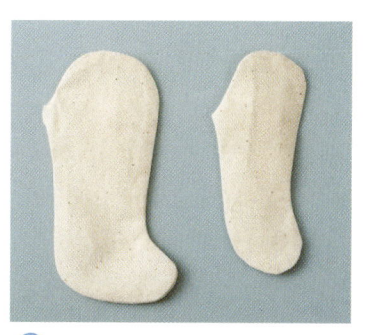

9 表に返し、中に綿を詰め、返し口を閉じて仕上げる。

3章　ミシン縫い　10の基本　カーブを縫う

67

内カーブ（凹曲線） バッグ、スタイ、衿ぐりなど

1 2枚の布を中表に重ね、それぞれの中心の合印をまち針できちんと合わせる（必要に応じて伸びどめテープを貼っておく）。

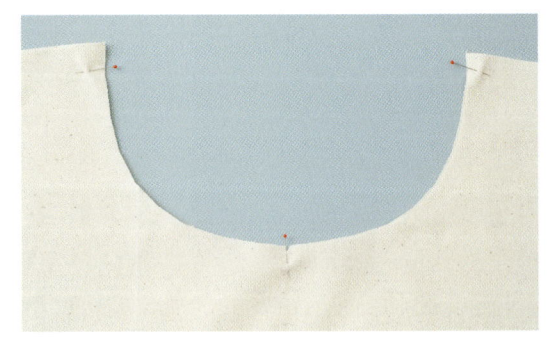

2 縫い始めと縫い終わりも合わせてまち針でとめる（衿ぐりの場合は、前後の肩の身頃を縫い合わせておく）。

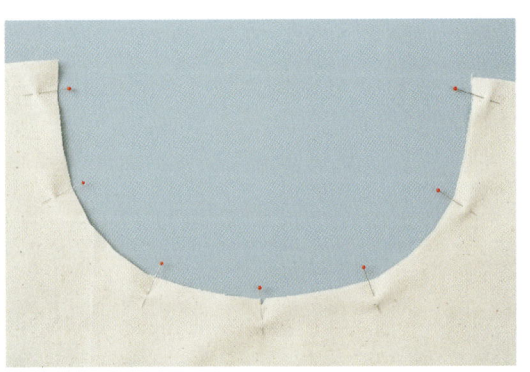

3 1と2の間にもまち針を打つ。

4 めうちで布を押さえ、右手側に半円の中心があることを意識しながら縫い進む。

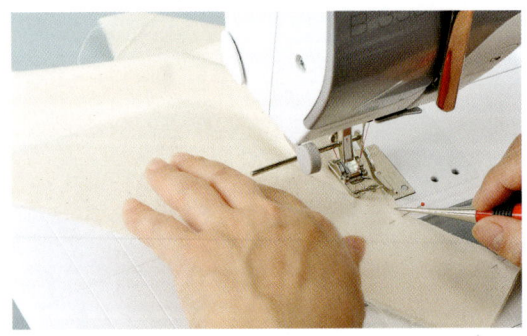

5 左手で布を誘導し、ゆっくりと大きなカーブを縫う。

6 なだらかな線にするために切り込みを入れる。深さは0.5cmぐらい。1枚ずつ交互に入れていく。

7 切り込みの位置が少しずつずれている（下段の「2枚一度に切り込みを入れると……」参照）。

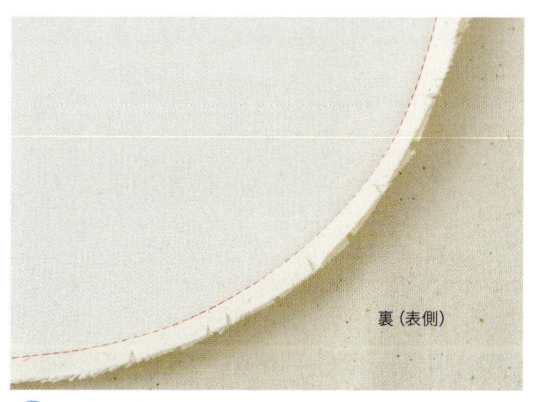

8 表側の裏面を上にしてアイロン台に置き、縫い目のきわからアイロンをかけ、縫い代を折る。

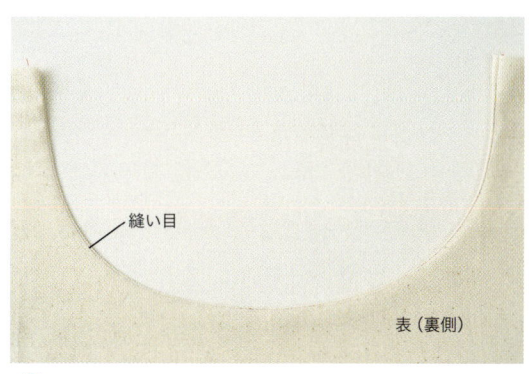

裏（表側）

9 表に返し、裏布を少し控えてアイロンをかけ、仕上げる。

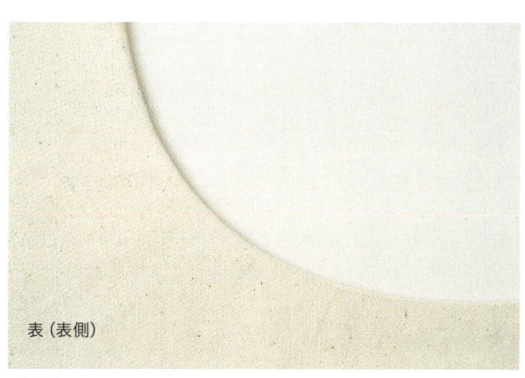

縫い目

表（裏側）

10 縫い上がり（表）。

表（表側）

2枚一度に切り込みを入れると……

2枚一度に切り込みを入れて仕上げた場合、切り込みの谷のところが表側にひびき、ボコボコしたカーブになりがちです。また、ステッチをかけると、縫い目が谷の部分に落ち込んで汚くなってしまいます。

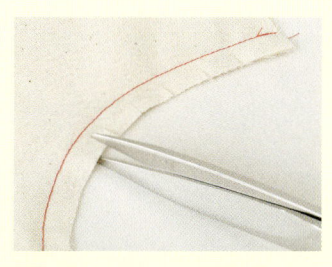

2枚一度に切り込みを入れる。

上の8～9と同じように仕上げる

表側に切り込みがひびき、きれいに見えない。

3章 ミシン縫い 10の基本 カーブを縫う

外カーブ(凸曲線)と内カーブ(凹曲線)を縫い合わせる　服やバッグなどの切り替えのデザインなど

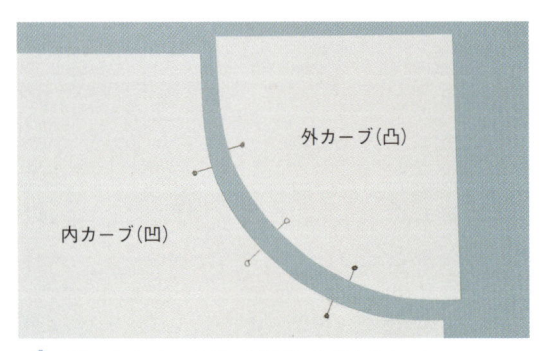

1 縫い合わせる2枚の型紙に合印を入れる。

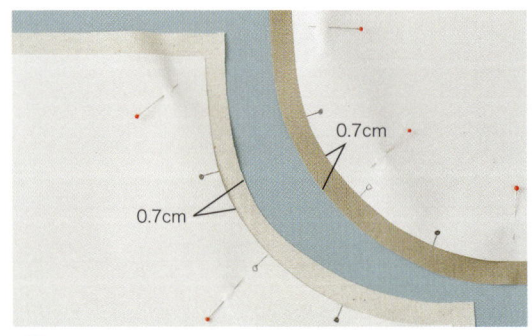

2 カーブの部分は縫い代を0.7cmにそろえて裁断する。

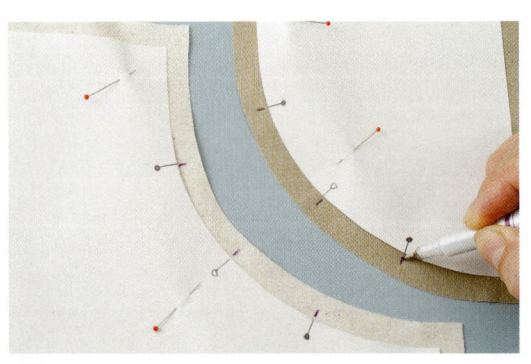

3 布にチャコペンで合印をつける。

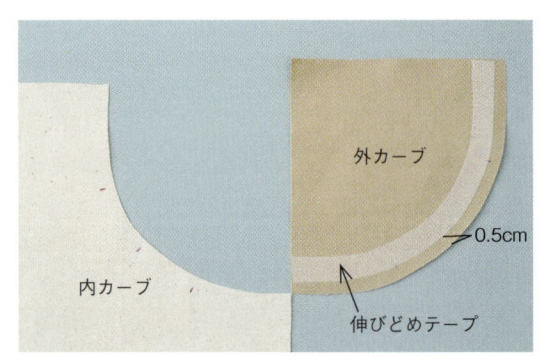

4 型紙をはずし、外カーブの布の端から0.5cm内側に伸びどめテープを貼る。

5 内カーブの布のカーブの部分に深さ0.5cmぐらいの切り込みを1cm間隔で入れる。

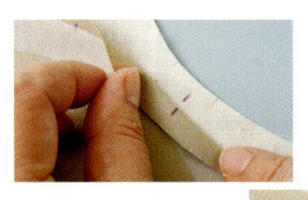

6 2枚の布を中表にし、中央の合印を合わせてまち針を打つ。

7 残りの合印も合わせてまち針を打つ。

8 内カーブの布の切り込みを少し開きながら、外カーブの布の縫い代に合わせて、まち針を打つ。

9 まち針を打った、布全体を見たところ。

10 内カーブの布を上にし、縫い目がよじれないよう、めうちで布を押さえながら縫う。ステッチ定規を使い、縫い代をそろえる。

合印をしっかり合わせ、縫い代の幅をそろえて縫う

外カーブと内カーブの合印がきちんと合っていないと、縫ったときにタックができてしまいます。また、2枚の布の縫い代の幅がそろっていない場合も、布がぴったり合わなくなり、仕上がりに影響します。

合印が合っていないと、タックができてしまう。

縫い代の幅がそろっていないと、きれいな仕上がりにならない。

3章 ミシン縫い 10の基本 カーブを縫う

11 縫い終わったところ。

12 ステッチをかけない場合は、アイロンの先で縫い代を割る(→p.56)。

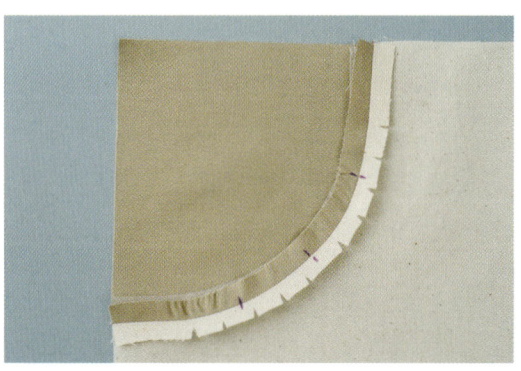

13 縫い上がり(裏)。

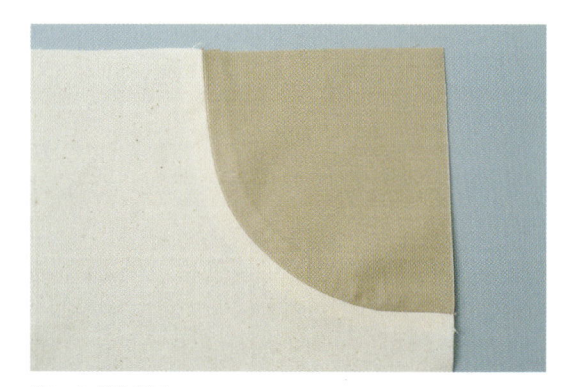

縫い上がり(表)。

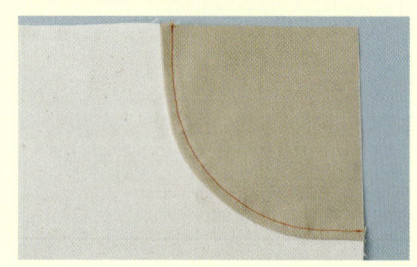

ステッチをかける場合

ステッチをかける場合は、縫い代をステッチをかけるほうに倒します。下の写真はベージュの布側にステッチをかける場合です。白い布側にステッチをかける場合は、4で白い布の裏側に伸びどめテープを貼り、縫い代もそちら側へ倒します。

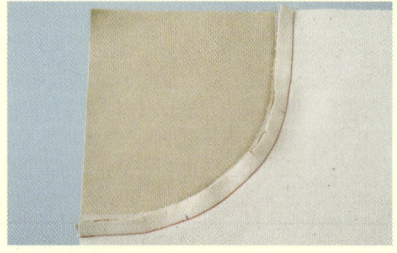

ステッチをかけるほう(この場合はベージュの布)に縫い代を倒し、アイロンをかける。

表からステッチをかける。

ソーイングQ&A 07

Q フレアースカートをきれいに縫うこつはある？

A 裾からウエストに向かって縫います。

裾広がりのスカートのバイアス部分は、ウエストから裾に向かって縫うと、布が伸びてよじれてしまうことがあります。裾からウエストに向かって縫うと、布が伸びずにきれいな仕上がりになります。

ウエストから裾に向かって縫うとよじれてしまう。

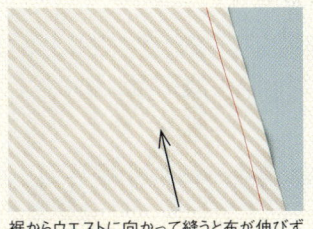

裾からウエストに向かって縫うと布が伸びずに縫える。

裾からウエストに向かって縫い、縫い代を割った場合、縫い代の幅がそろっている。

縫い目も伸びず、きれいに仕上がっている。

ソーイングQ&A 08

Q ステッチを入れて作品を仕上げるときのアドバイスを……

A ステッチ定規を使う、同じ糸を並べて縫う、三重縫いなどを試してみて。

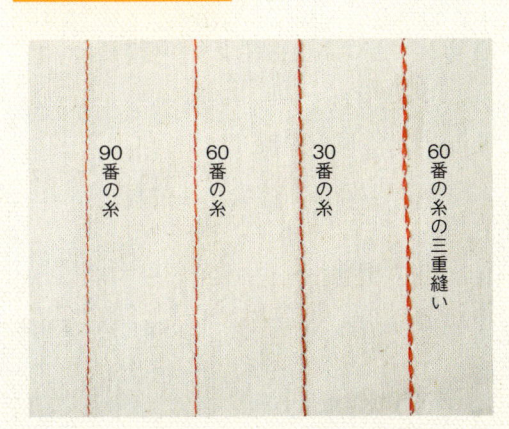

きれいなラインで縫い進められるよう、ステッチ定規や押さえ金の幅を利用するとよいでしょう。使用する糸は、作品を縫った糸と同じもので入れる場合と、別な色や太さの糸を用する方法があります。同じ糸のときは2～3本並べて入れてもよいでしょう。また、ミシンに「三重縫い」という機能がついていれば、それを使ってみては？ 同じ針目を往復するので、糸の太さが3倍に見えます。太い糸に替えるときは針も替え、針目も大きくするとステッチがよりくっきり。ミシンに慣れてきたら、布と違う色の糸や変わり糸（→p.37）にチャレンジするのも楽しいでしょう。

90番の糸　60番の糸　30番の糸　60番の糸の三重縫い

4 角を縫う

きれいな角に仕上げるには、針を落とした状態で方向を変えること。また縫い代が重なる部分はカットして、上手に布の裏側に収めることもポイントです。

凸角　衿先、カフスなど

1 角まで縫い進め、針を刺してとめる。

2 針を刺したまま、押さえ金を上げる。

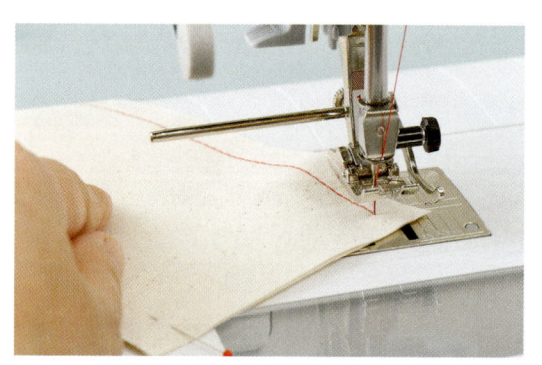

3 針を刺した状態で、布の方向を変える。

4 押さえ金を下ろす。

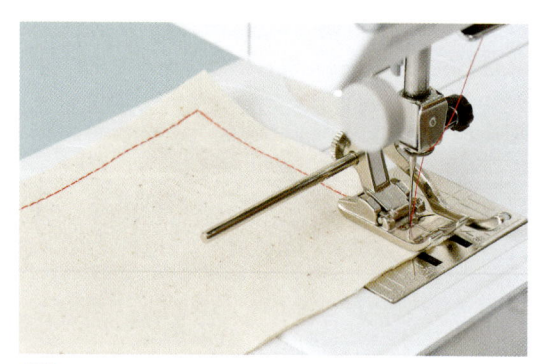

5 そのまま縫い進む。

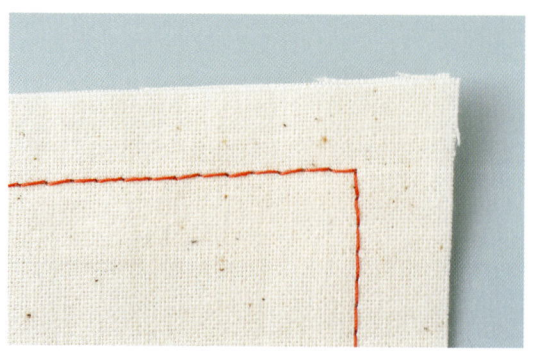

6 角の縫い上がり。

凸角を縫ったあと、角を返す

1 角を縫い合わせたら、表側裏面を上にして置き、アイロンの先を使いながら、縫い代を2枚一緒に縫い目のきわで折る。

2 もう一辺も同じように縫い目のきわで折り、角の縫い代をたたむ。

3 角の縫い代を開き、手前側の縫い代を指で押さえ、後ろ側の縫い代を1/3ほど切る。

4 次に後ろ側の縫い代を押さえ、手前側の縫い代を後ろ側よりもさらに深く切る。

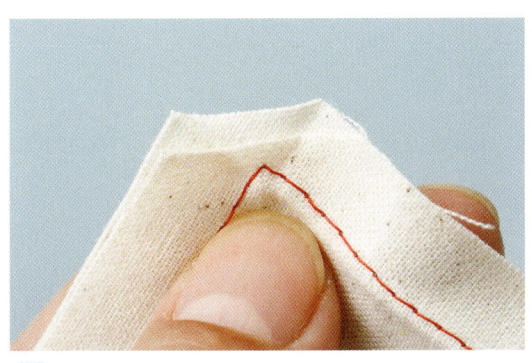

5 段差をつけて角の縫い代を切ったところ。

6 2と同じように角の縫い代をたたむ。

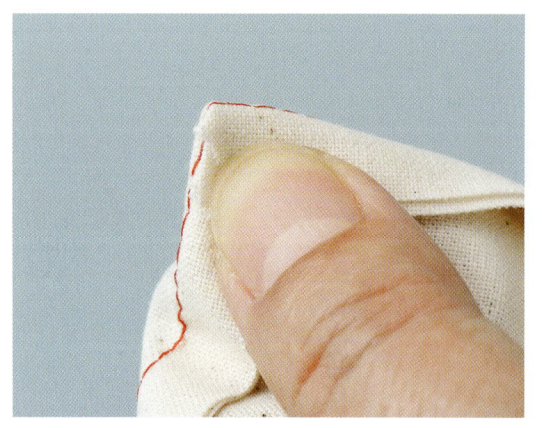

7 角の先に人差し指を入れ、縫い代をしっかりと親指で押さえる。

8 向こう側から布をかぶせるようにして表に返す。

9 角を返したところ。

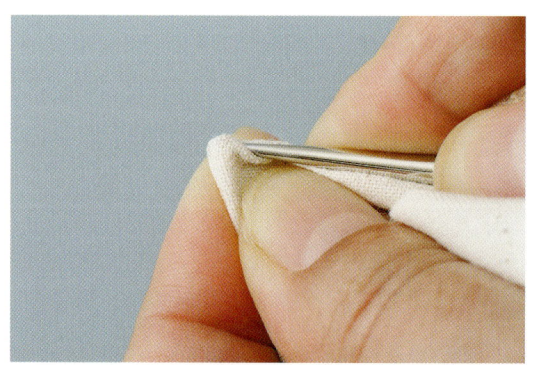

10 めうちで縫い代を押すように角してを整える。

11 縫い上がり（裏）。アイロンをかけて仕上げる。

縫い上がり（表）。

| とがった角 | シャツカラー、ベルトの先など |

1 布を中表に合わせて縫う。アイロンの先を使い、縫い代を2枚一緒に縫い目のきわから表衿側へ折る。

2 もう一辺も同じように縫い目のきわで折る。

3 角の縫い代を開き、手前側の縫い代を指で押さえ、後ろ側の縫い代を1/3ほど切る。

4 次に後ろ側の縫い代を押さえ、手前側の縫い代を後ろ側よりもさらに深く切る。

5 角の両側も同様に段差をつけて切る。

6 両側に段差をつけて切る。

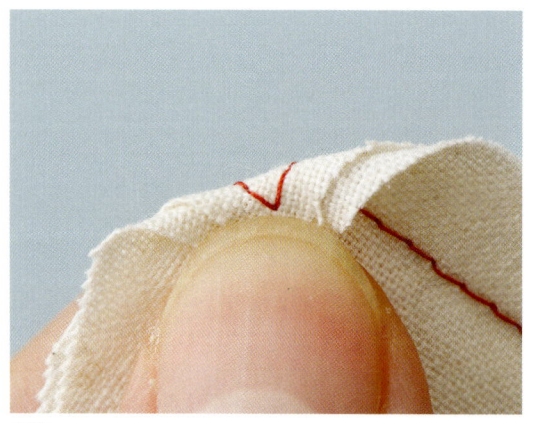

7 指先で縫い代を持ち、先端をほんの1針分ほど折る。

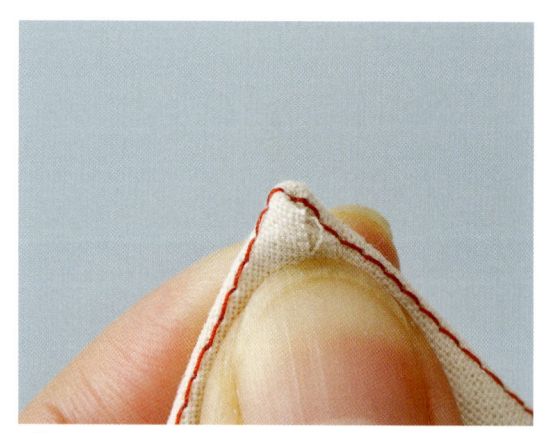

8 両側の縫い代をたたんで押さえる。

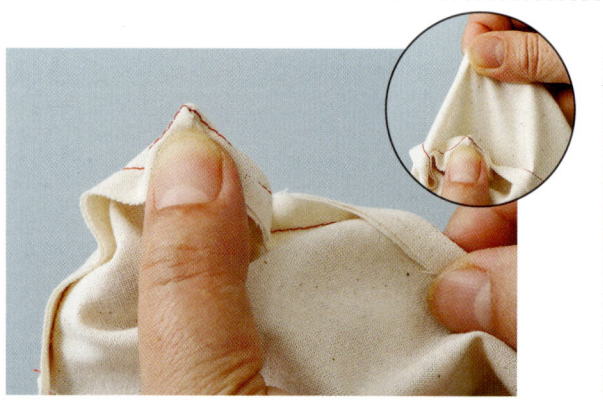

9 縫い代の先までしっかりと親指で押さえ、向こう側から布をかぶせるようにして表に返す。

10 角を返したところ。

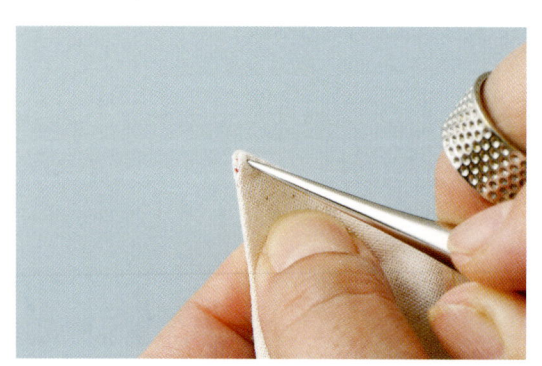

11 めうちで押すようにして角を整える。

12 とがった角の縫い上がり（表）。アイロンをかけて仕上げる。

表に返した角にステッチをかける

1 角の部分を縫うときは、ハトロン紙（→p.14）などの薄い紙を布の下に敷き、一緒に縫う。

2 角まで縫い進めたら、針を落としたまま押さえ金を上げ、紙ごと回して布の方向を変える。右手ではずみ車を回し、1〜2針手でゆっくり進めて縫う。

3 角のステッチがきれいに縫えたところ。

4 そっと紙をはずす。

角のステッチはゆっくりかける

表からは見えなくても、角の部分は縫い代が重なり、厚くなっています。ステッチをかけていて前へ進みにくくなったり、先の部分がミシンの針落ち穴に引き込まれることがあります。紙を敷くなどして、手ではずみ車を回しながら1針ずつ注意して縫い進めましょう。

針落ち穴に引き込まれ、布がよじれてしまった衿先。

凹角　スクエアネックなど

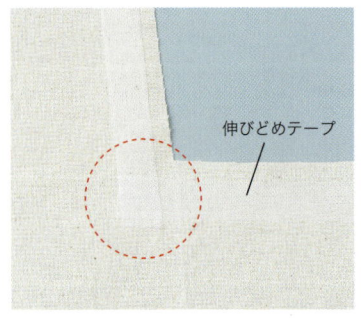

1 前身頃の裏側の縫い線の部分に、両方向から伸びどめテープを貼って角でクロスさせる。

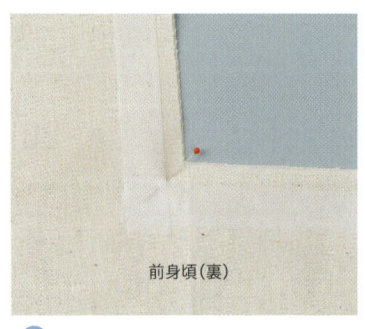

伸びどめテープ

2 前身頃と見返しを中表に合わせ、角にまち針を打つ。

前身頃（裏）

3 まち針のところまで縫う。

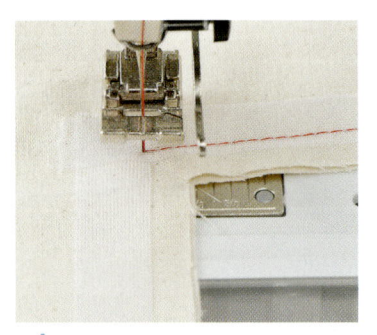

4 まち針をはずし、針を落としたまま押さえ金を上げて、布の方向を変える。

5 角が縫えたところ。

6 角に切り込みを入れる。このとき2枚一緒に切らずに、前身頃の縫い代は真ん中より少し右寄りを切る。

7 見返しの縫い代は真ん中より少し左寄りを切る。

8 縫い目のきわから縫い代にアイロンをかけて折り、表に返す。

9 縫い上がり（表）。アイロンをかけて仕上げる。

4-角を縫う

力布（補強のためのあて布）をする場合

1 角に力布をあてると丈夫になり、ステッチもきれいにかけられる（とくに厚地の場合）。

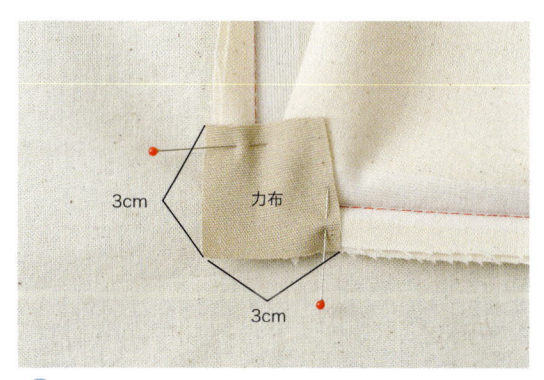

2 角の部分に約3cm四方の布をあて、縫い代にまち針でとめる。

3 布を返して、角の縫い代を出す。

4 縫い代の端から角を通って端までを縫う。返し縫いはしなくてよい（力布が大きすぎた場合はカットする）。

5 布を元に戻すと、縫い代に切り込みを入れた角の部分が補強されている。

6 縫い上がり（表）。ステッチをかけて押さえてもよい。アイロンをかけて仕上げる。

| 凸角と凹角を縫い合わせる | 服やバッグなどの切り替えのデザインなど

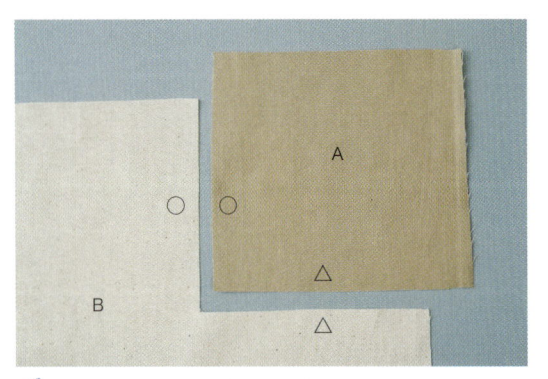

1 凸角(A)と凹角(B)を縫い合わせる。

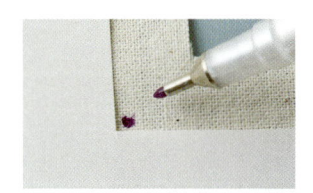

2 型紙を置き、角になる位置にそれぞれ印をつける（合印があればそれも入れる）。

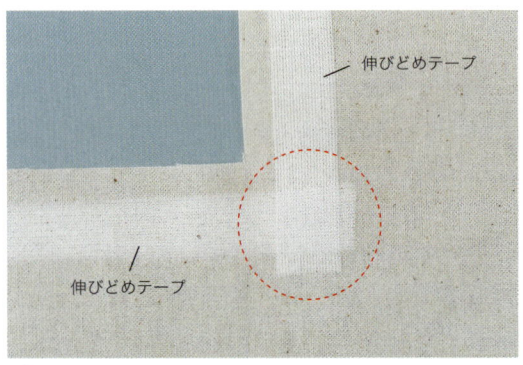

3 Bの裏側の縫い線の部分に、両方向から伸びどめテープを貼って角でクロスさせる。

4 AとBの角の印を中表に合わせ、△の辺の縫い代を合わせてまち針を打つ。

5 △の辺を縫い合わせる。角のまち針のところで針を落とし、返し縫いをして糸を切る。

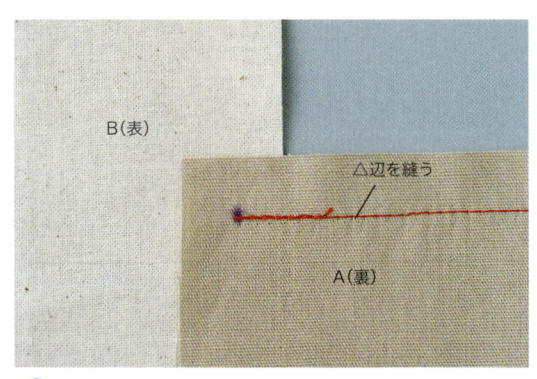

6 角の印のところまで縫ったところ。

7 Bの縫い代だけに、角の印の0.2cmぐらい手前まで切り込みを入れ、Aを矢印の方向に動かす。

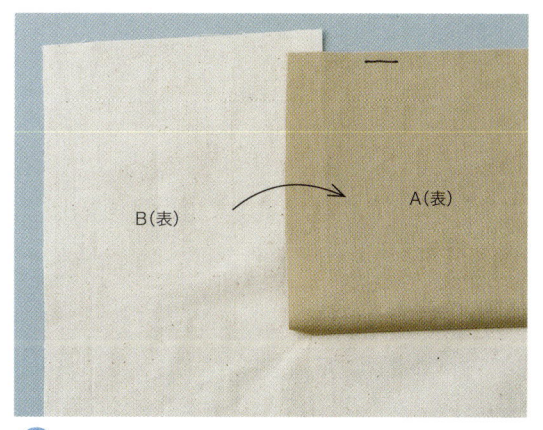

8 さらに矢印のようにBをAに重ね、○の辺を中表に合わせる。

9 BをAに重ねたところ。

10 AとBの○の辺を合わせ、まち針を打つ。

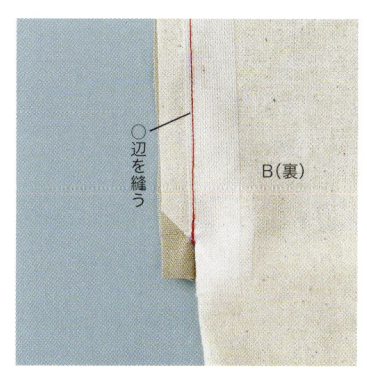

11 ○の辺を縫い合わせる。角のまち針のところで針を落とし、返し縫いをして糸を切る。

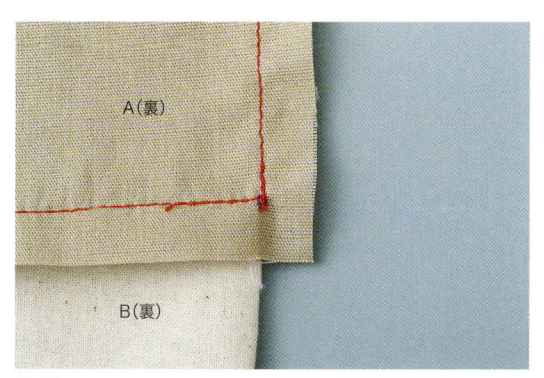

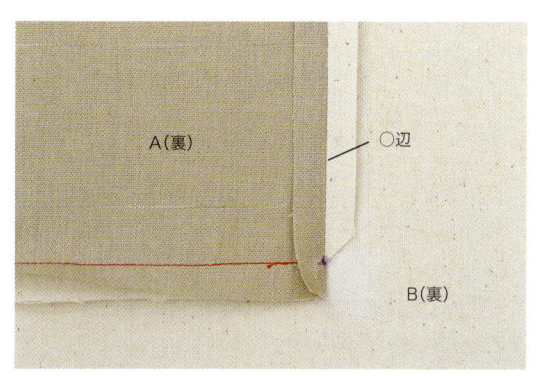

12 △の辺と○の辺を角の印まで縫い合わせたところ。

13 B布を広げ、アイロンの先を使って○の辺の縫い代を割る。

3章 ミシン縫い 10の基本 角を縫う

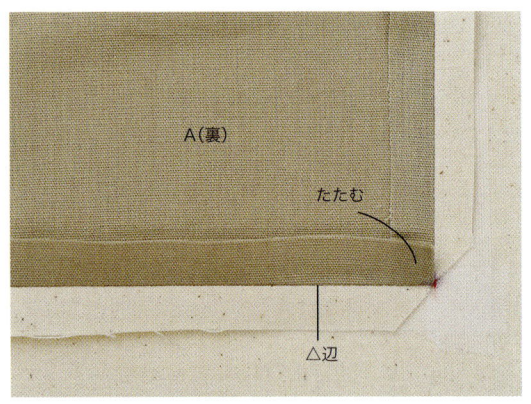

13 同様にして△の縫い代も割る。Aの角の縫い代は、切り替え線内に収まるようにたたむ。

A(裏)
たたむ
△辺

14 縫い上がり(表)。

厚地の場合

厚地の場合は余分な縫い代をカットしてから縫い代を割ります。

1 p.83-12までを縫い、Aの角の縫い代を写真のように切る。

2 アイロンの先を使い、縫い代を割る。

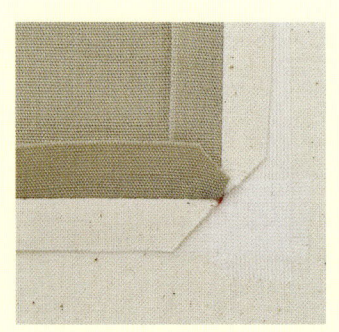

3 縫い上がり(裏)。

縫い代をB側に片倒しにして仕上げる場合は補強する

縫い代をB側に倒すときは補強をします。ステッチもかけやすくなります。

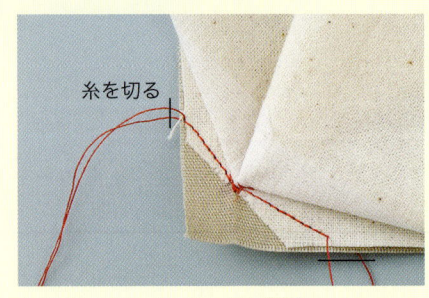

糸を切る

角の縫い代にミシンをかけて補強する。p.83-12まで縫い、角の印を通って縫い代の端から端まで を縫う。返し縫いはしなくてよい。

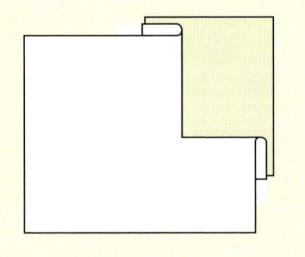

縫い代をB側に倒してアイロンをかける。縫い上がり(表)。

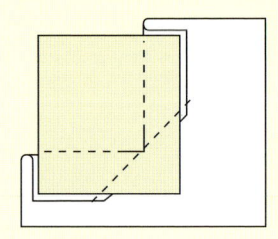

縫い上がり(裏)。

4-角を縫う

額縁を縫う　ランチョンマット、テーブルクロスなど

1 1cmの幅で2辺を折る。

2 3cmの幅でもう一度辺を折る。写真のように角を開いて、クロスするところにチャコペンで印をつける。

3 元どおりに縫い代をたたみ、角にも印をつける。

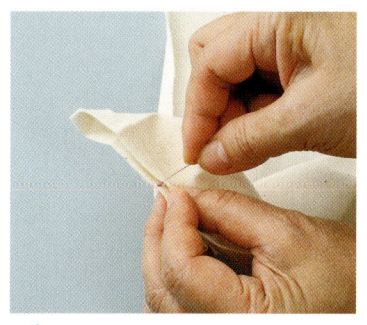

4 角を開いて中表に合わせ、2でつけた印と印を合わせてまち針を打つ。

5 3の印にもまち針を打ったところ。

6 印を結んで定規をあて、チャコペンで線を引く。結んだ線の上の角が直角になっていればOK。

7 縫い始めと縫い終わりに返し縫いをして、チャコペンの線を縫う。

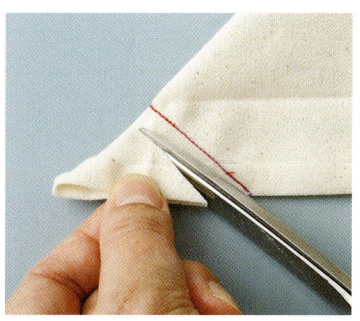

8 縫い代を0.5〜0.7cm残して切る。

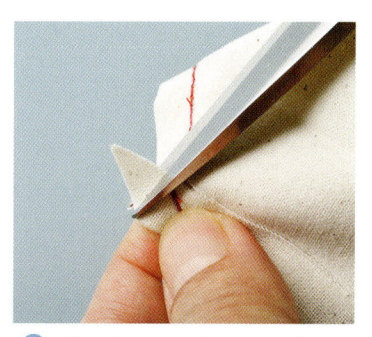

9 縫い代にはみ出ている三角形の部分も切る。

3章　ミシン縫い　10の基本　角を縫う

10 縫い代を切ったところ。

11 縫い代を割り、親指で押さえる。

12 向こう側から布をかぶせるようにして表に返す。

13 表に返したところ。

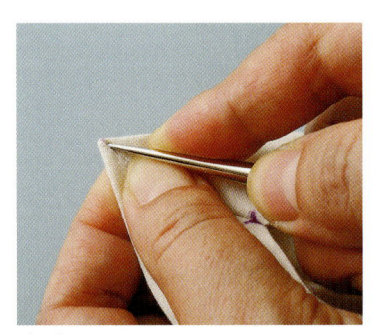

14 めうちで角を押して形を整える。

15 アイロンをかける。

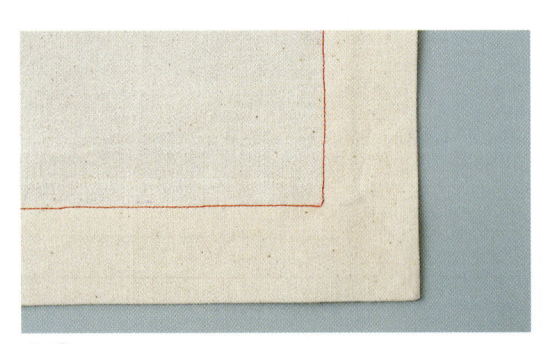

16 表からステッチをかけて縫い代を押さえ、額縁を縫い上げる(表)。

縫い上がり(裏)。

二辺の幅が違う額縁を縫う

額縁の折り幅を変えて作ります。

1 はじめに1cm折り、そのあともう一度それぞれの寸法で折り、三つ折りにする。

2 折りたたんだ辺がクロスするところに印をつける。

3 縫い代をたたんだ角にも印をつける。

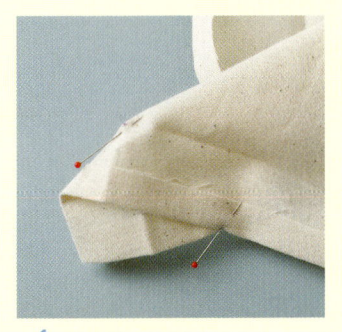

4 角を開いて中表に合わせ、2の辺の印と3の角の印の2カ所にまち針を打つ。

5 印を結んで定規をあて、チャコペンで線を引く。結んだ線の上の角が直角になっていればOK。

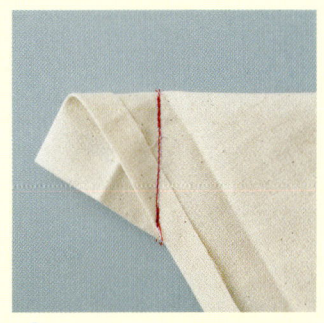

6 縫い始めと縫い終わりに返し縫いをして、チャコペンの線を縫う。

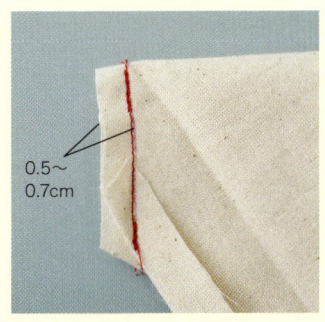

7 縫い代を0.5〜0.7cm残して切る。

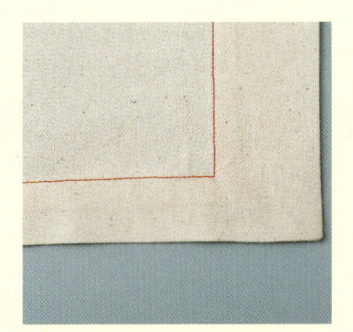

8 p.86の11〜16と同様にして仕上げる(表)。

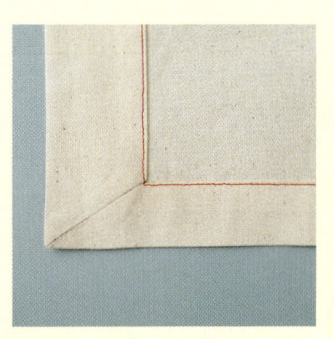

縫い上がり(裏)。

5 立体に縫う

カーブや角を組み合わせて立体に仕上げます。縫い代の幅をそろえ、合印をきちんと合わせます。カーブはまち針を多めに打ち、ていねいに縫い合わせましょう。

直線と角 クッションやバッグなど

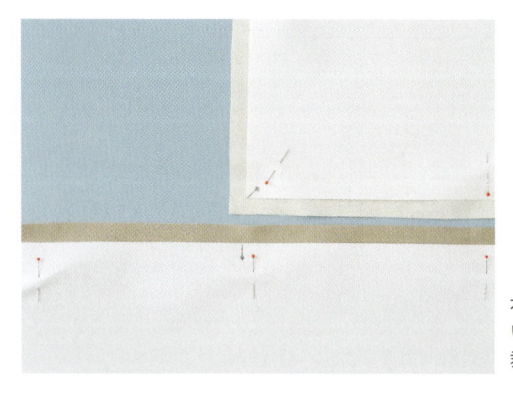

1 布に型紙をのせ、縫い代を正確につけて裁断する。

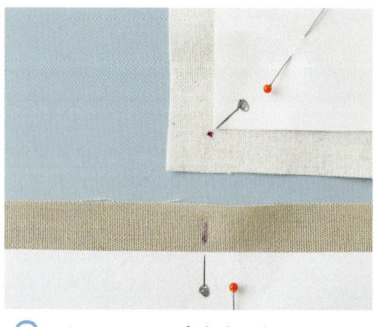

2 チャコペンで合印を入れる。

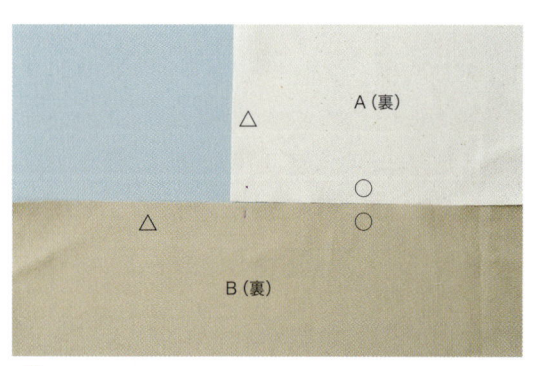

3 型紙をはずす。

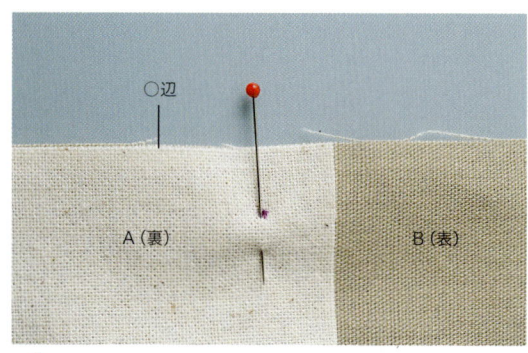

4 AとBを中表にし、合印を合わせて○の辺をそろえ、まち針を打つ。

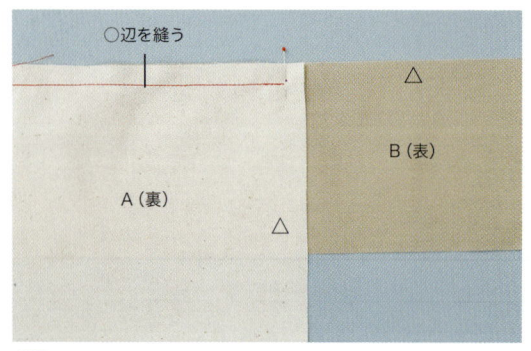

5 縫い代幅を正確に、合印まで縫う。

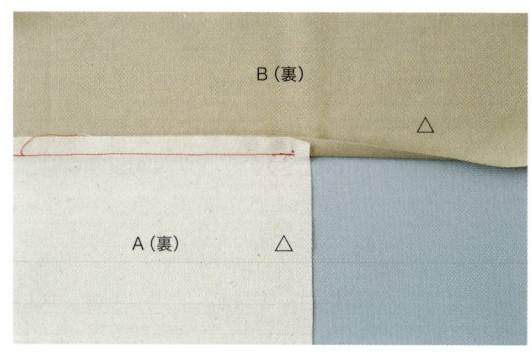

6 縫い代をB側に倒してアイロンをかける。

7 Bの縫い代のみに、合印の0.2cmぐらい手前まで切り込みを入れる。

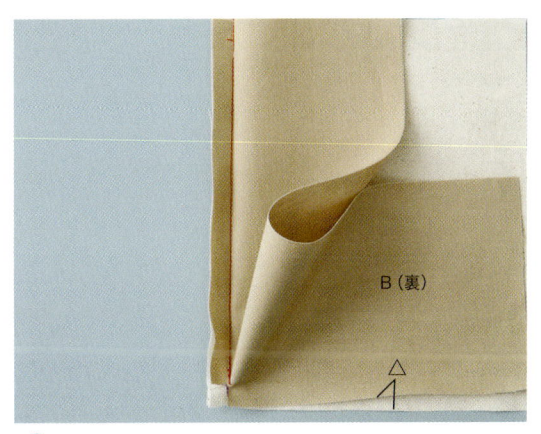

8 △の辺を中表に合わせる。

9 △の辺の布端をそろえ、まち針を打つ。

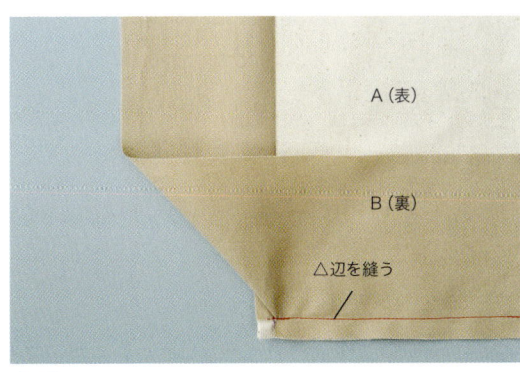

10 縫い代幅を正確にして、△の辺を縫い合わせる。

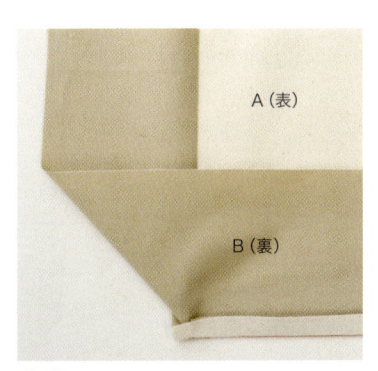

11 縫い代を2枚一緒にB側に折り、アイロンで押さえる。

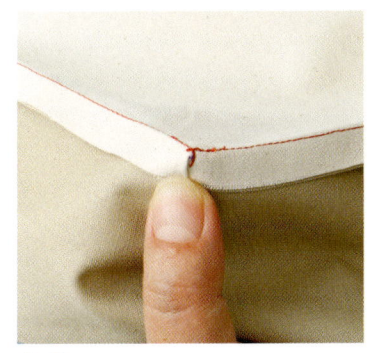

12 角を押さえて、表に返す。

13 表に返したところ。

3章 ミシン縫い 10の基本 立体に縫う

89

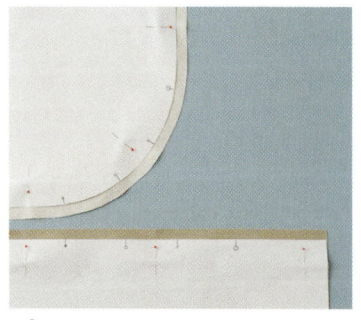

大きなカーブと角　　クッション、バッグ、帽子など

1 布に型紙をのせ、縫い代を正確につけて裁断する。

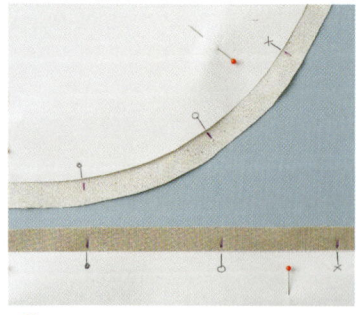

2 チャコペンで合印を入れる。

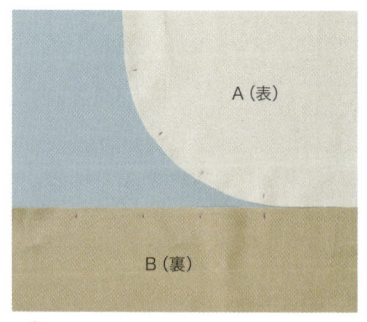

3 型紙をはずす。

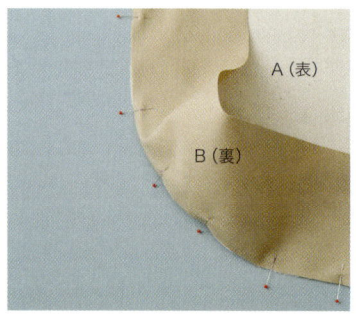

4 AとBを中表にし、合印を合わせてまち針を打つ。必要なら合印の中間にもまち針を打つ。

5 布の両端を合わせてめうちで押さえながら、ゆっくり縫う（布地によってはしつけをかけてもよい）。

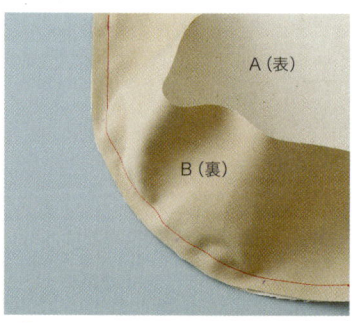

6 縫い合わせたところ。

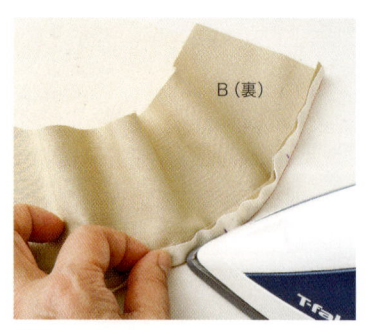

7 縫い代の縫い目のあたりにアイロンをかけ、縫い代をB側に倒す。

8 縫い代に大きなタックができないよう注意する。

9 表に返して、縫い上がり（表）。

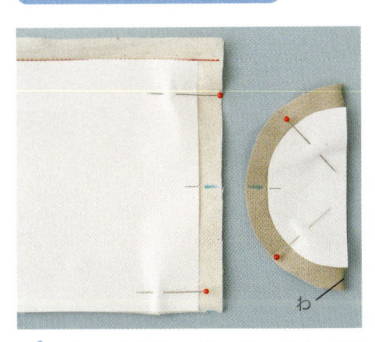

直線と小さなカーブ　ペットボトル入れなどの筒の底など

1 布に型紙をのせ、縫い代を正確につけて裁断し、チャコペンで合印を入れる。

2 筒の部分の布を中表に合わせて縫う。

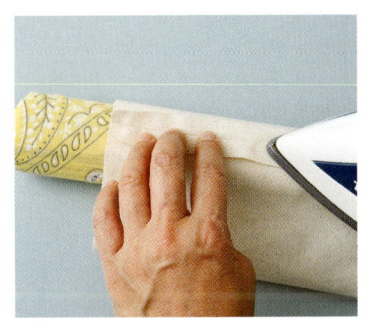

3 プレス棒（→p.24）を通して、アイロンで縫い代を割る。

4 筒状にしたところ。

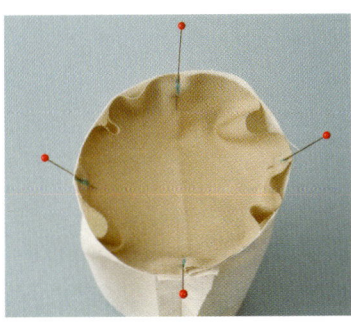

5 4に丸い布を置き、合印を合わせてまち針を打つ。

6 縫い代の外側に、細かくしつけをかける。

7 丸い布を上にして、めうちで押さえながら、タックが寄らないように縫う。

8 縫い終わったらしつけをはずし、表に返す。

9 縫い上がり（表）。

3章　ミシン縫い　10の基本　立体に縫う

| マチを作る | トートバッグなどの底につけるマチ（厚みを出すために縫うこと）は、いろいろな作り方があります。バッグの素材やデザインに合わせて選びましょう。 |

①三角マチ　　トートバッグ、クッションカバーなど

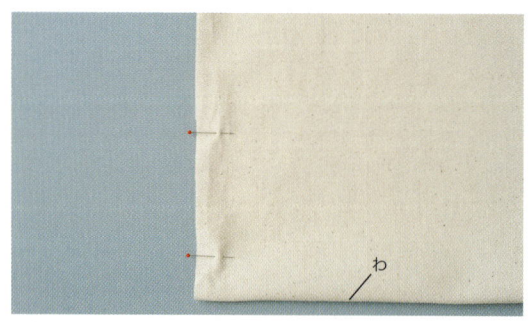

1　布を中表に合わせ、脇の縫い代にまち針を打つ。

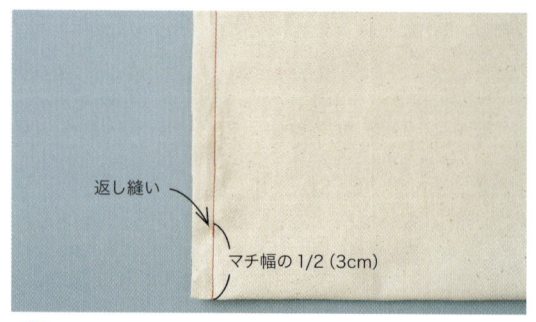

2　脇を縫う。「わ」からマチ幅の1/2のところで返し縫いをしておく（ここでは6cm幅のマチを作る）。

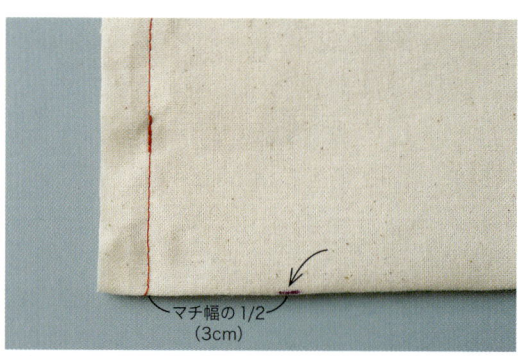

返し縫い
マチ幅の1/2 (3cm)

3　縫い目からマチ幅の1/2の「わ」の位置にチャコペンで印をつける。

マチ幅の1/2 (3cm)

4　縫い代を割る。

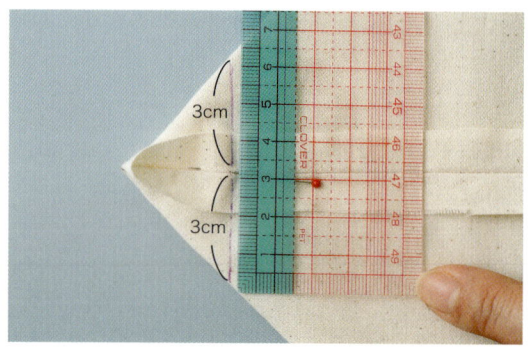

5　「わ」の印と脇の縫い目の位置を合わせ、まち針を打つ。

6　縫い目に対して垂直になるように定規を置き、まち針から左右3cmのところにチャコペンで線を引く。

3cm
3cm

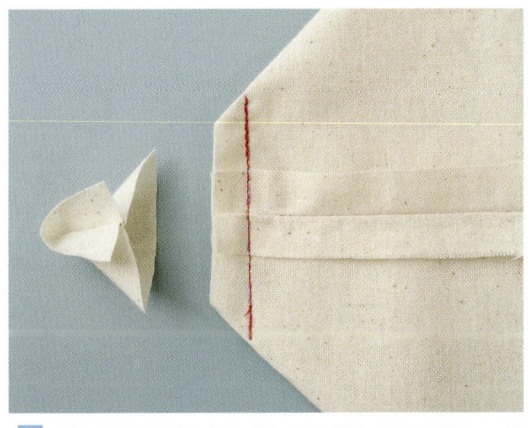

7 縫い始めと縫い終わりに返し縫いをして縫い、余分な布をカットする。

8 表に返したところ。

②三角のマチが表側に出るタイプ　バッグ、体操服入れなど

1 布を中表にして合わせ、「わ」の端を小さく三角形に切って印にする。

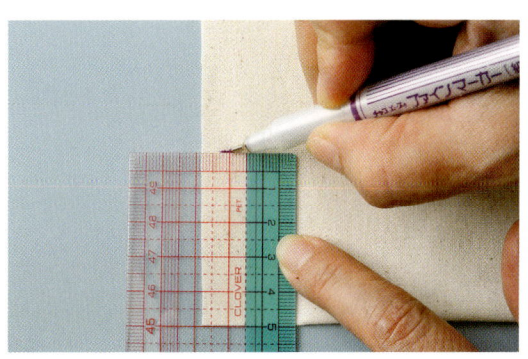

2 「わ」の部分からマチ幅（この場合は5cm）のところにチャコペンで印をつける。

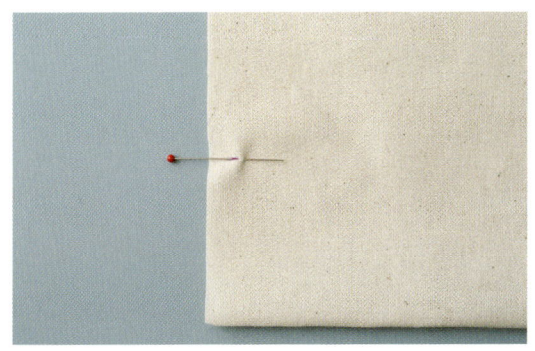

3 2の印の上にまち針を打つ。

4 「わ」を広げ、まち針と1の印を合わせる。

3章　ミシン縫い　10の基本　立体に縫う

5 1でつけた印とまち針を合わせたところ。

6 片側を倒して重ねる。

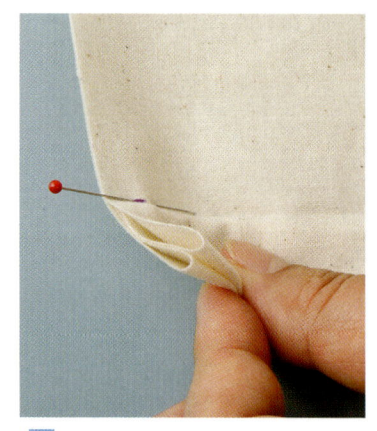

7 ぴったりと重ねる。

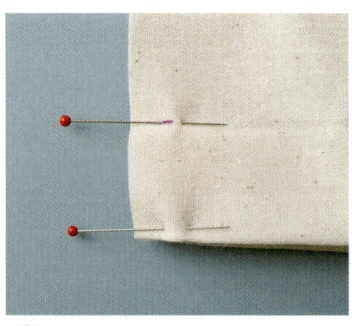

8 「わ」が重なった布端にもまち針を打つ。

9 縫い始めと縫い終わりに返し縫いをして、脇を縫う。

10 縫い代にまとめてジグザグミシンをかけて始末する。

11 縫い代を倒してアイロンをかける。

12 表に返すと、三角形のマチができる。

13 マチ部分を折りたたんだところ。

5-立体に縫う

③たためるマチのタイプ　　エコバッグ、ナイロンバッグなどの薄地の布向き

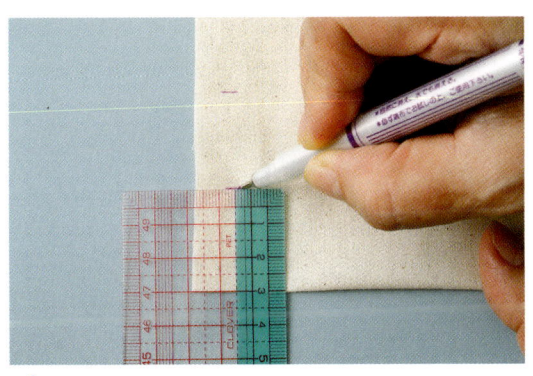

1 布を中表にして合わせ、「わ」からマチ幅（ここでは6cm）のところとマチ幅の1/2（ここでは3cm）のところにチャコペンで印をつける。

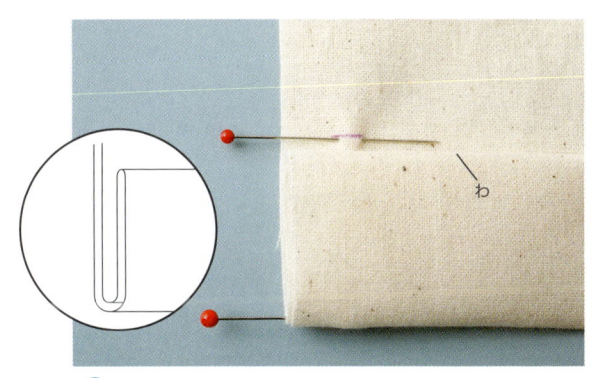

2 印のところにまち針を打って、折る。

3 縫い始めと縫い終わりに返し縫いをして、脇を縫う。

4 縫い代にまとめてジグザグミシンをかけて始末する。

5 表に返したところ。

6 角と底の部分。

7 マチ部分を折りたたんだところ。

3章　ミシン縫い　10の基本　立体に縫う

6 縁の始末

裁ち端を共布や市販のバイアステープを使って始末する方法です。テープで裁ち端をくるむので、丈夫になり、見た目もきれい。色や柄の違う布を使って、変化を楽しむこともできます。

バイアステープを作る

たて地に対して45°の角度（正バイアス）で裁断した細いテープをバイアステープといいます。なじみやすいので、カーブもしっかりくるむことができます。

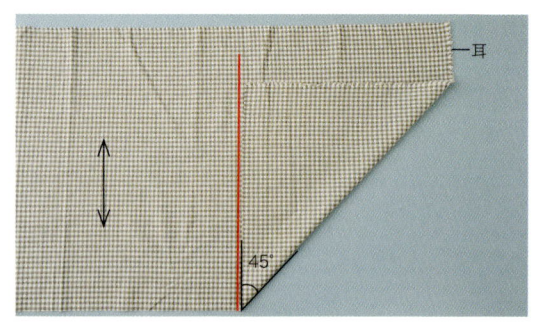

1 布の耳に平行な線を引き（赤）、それに合わせて45°の角度で折る。

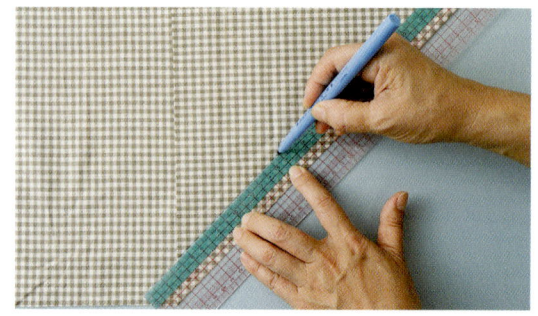

2 布の「わ」に定規をあて、必要な幅の平行線を引く。

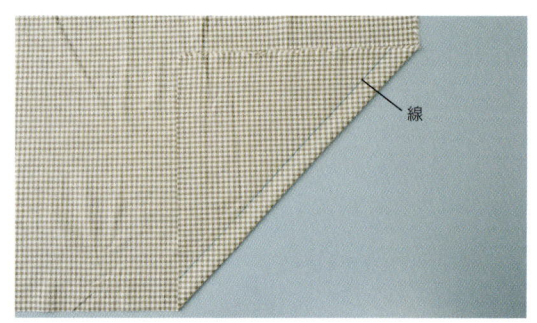

3 線を引いたところ。

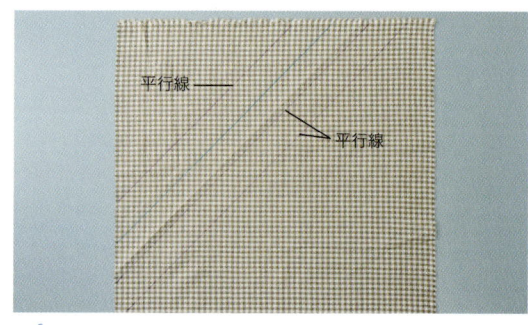

4 布を広げて、さらに必要な幅の平行線を引く。

5 線に沿って布を切る。

6 バイアステープが3本できたところ。

バイアステープをつなげる

1 バイアス布を中表に合わせ、写真のように縫い目のところで2枚の布がクロスするようにして縫う。

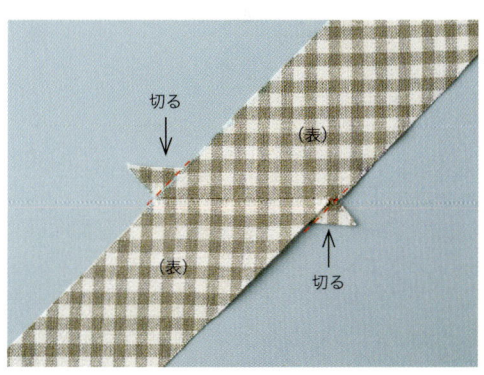

2 縫い代を割り、はみ出した部分はカットする(表)。

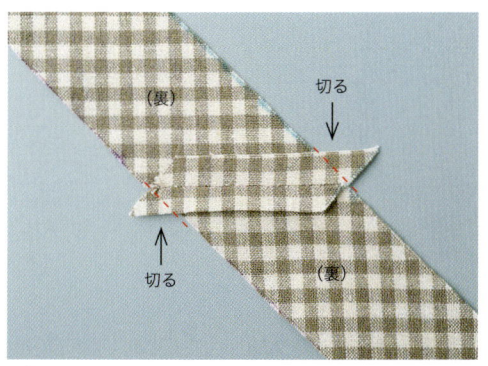

3 でき上がり(裏)。

これはNG!
つなぎ方が違うときれいなテープにならない

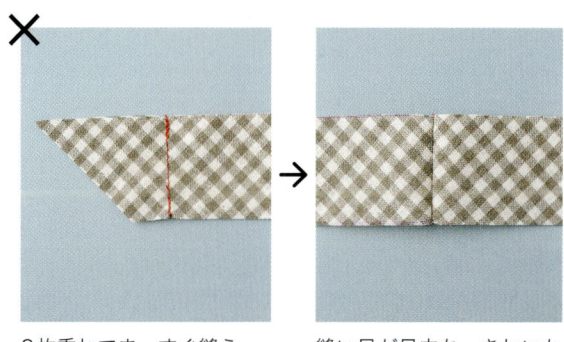

× 2枚重ねてまっすぐ縫う。 → 縫い目が目立ち、きれいなテープにならない。

× 2枚重ねて斜めに縫う。 → 額縁のようになる。

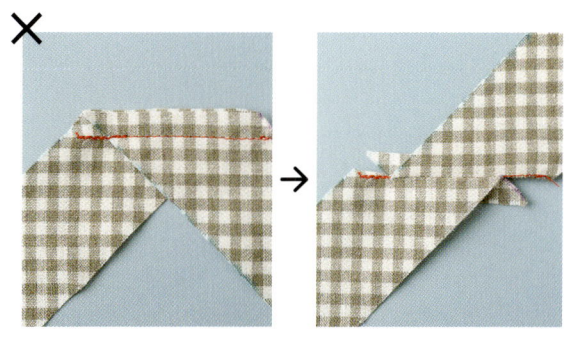

× 2枚の布を布端のところで合わせている。 → つなぎ目がずれている。

3章 ミシン縫い 10の基本 縁の始末

バイアステープメーカーを使う

テープメーカーはバイアステープの両端に折り目をつけることが簡単にできる便利グッズ（→p.16）。
写真のものは「テープメーカーＷ」で、0.6cm、0.9cm、1.2cm、1.8cm、2.5cm用があります。

1　カットしたバイアステープを用意する。

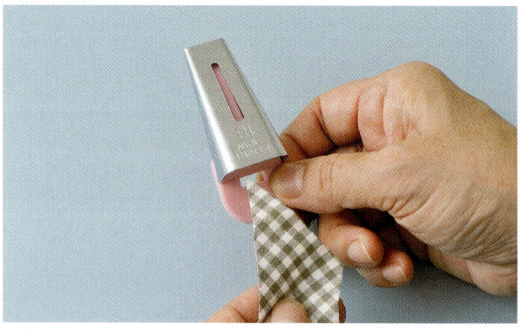

2　バイアステープをテープメーカーに差し込む。

3　布が通りにくいときは、めうちでバイアステープを押し出す。

4　テープメーカーからバイアステープを引き出す。

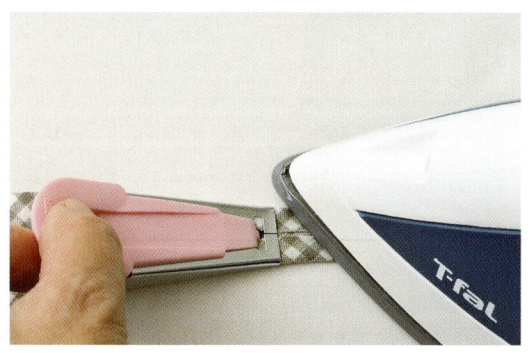

5　布端をアイロンで押さえる。テープメーカーを左へスライドさせながら、アイロンをかけていく。

6　折り目がついたらバイアステープの完成。

直線の縁どり　テーブルクロス、ベッドカバーの周囲など

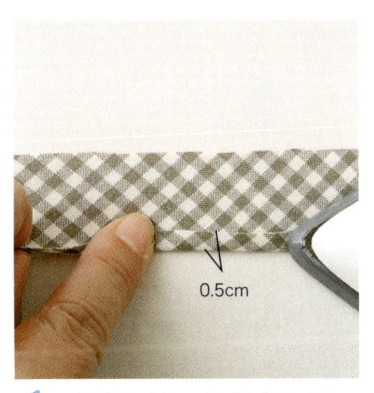

1 バイアステープに軽くアイロンをかけて伸ばし、端から0.5cmのところに折り目をつける。

2 熱接着糸（p.16）を使って、折った部分を接着してもよい。熱接着糸を使うとミシンかけが簡単になり、仕上がりもきれい。

3 バイアステープの断ち端と布を中表に合わせ、まち針を打つ。

4 押さえ金などを利用して、端から同じ幅で縫う。

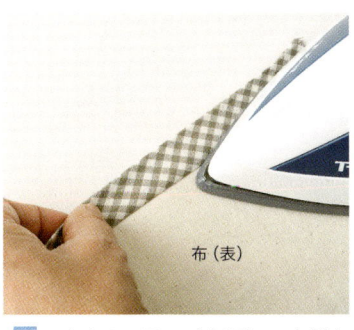

5 バイアステープを返し、表側から縫い目にアイロンをかける。

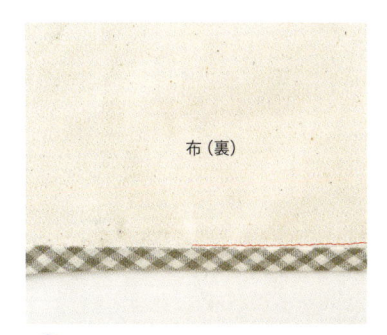

6 裏へ返し、4のミシン目にかぶせるようにしてくるみ、アイロンで押さえる。熱接着糸をはさんでもよい。

7 表から、バイアステープの幅がそろっているか確認する。

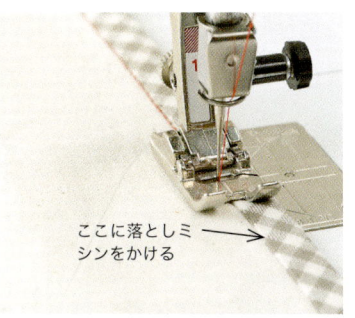

8 表からバイアステープのきわに落としミシンをかける。

9 直線の縁どりの縫い上がり。

3章　ミシン縫い　10の基本　縁の始末

外カーブ（凸曲線）の縁どり　　スタイ、ひざかけの周囲など

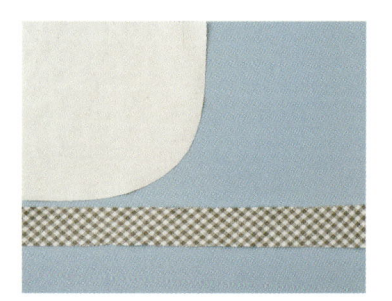

1. 外カーブの布にバイアステープをつける（バイアステープの端から0.5cmのところに折り目をつけておく→p.99-1）。

2. カーブに合わせて、バイアステープのつけ側にもアイロンをかける。

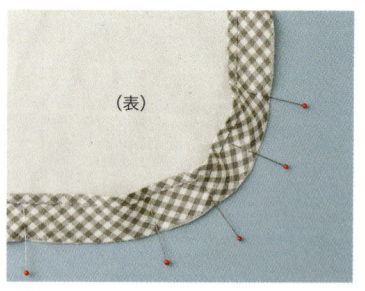

3. バイアステープの断ち端と布を中表に合わせ、まち針を打つ。必要ならしつけをかける。

4. めうちでテープを押さえ、押さえ金などを利用して、端から幅をそろえて縫う（外カーブの縫い方→p.64）。

5. 縫い終わったところ。余ったバイアステープは切る。

6. バイアステープを立ち上げるようにして、表からアイロンをかける。

7. 裏に返し、4のミシン目にかぶせるようにくるみ、アイロンで押さえる。熱接着糸があればはさんでもよい。

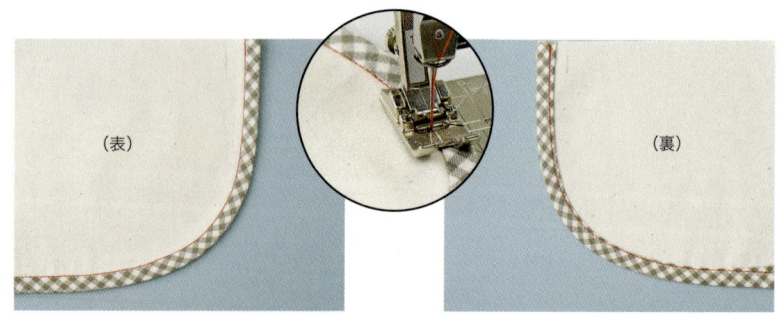

8. 表から、バイアステープの幅が均等になっているか確認する。バイアステープのきわに表から落としミシンをかける。

9. 外カーブの縁どりの縫い上がり（裏）。

内カーブ（凹曲線）の縁どり　衿ぐりや袖ぐりなど

1 内カーブの布にバイアステープをつける（バイアステープの端から0.5cmのところに折り目をつけておく→p.99-1）。

2 カーブに合わせて、バイアステープのつけ側にもアイロンをかける。

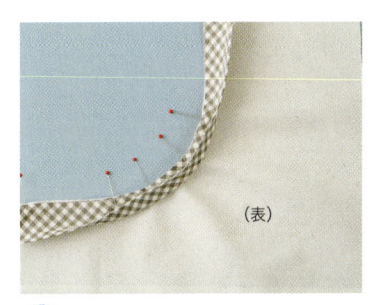

3 バイアステープの断ち端と布を中表に合わせ、まち針を打つ。必要ならしつけをかける。

4 めうちでテープを押さえ、押さえ金などを利用して、端から幅をそろえて縫う（内カーブの縫い方→p.68）。

5 縫い終わったところ。余ったバイアステープは切る。

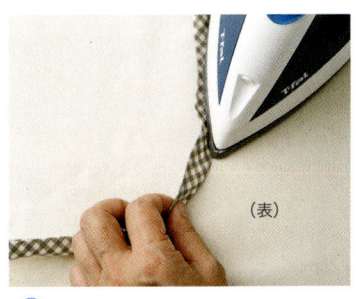

6 アイロンの先を使って、バイアステープを表に返す。

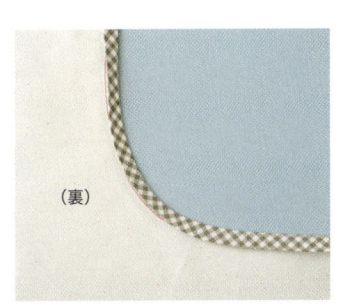

7 裏に返し、4のミシン目にかぶせるようにくるみ、アイロンで押さえる。熱接着糸があればはさんでもよい。

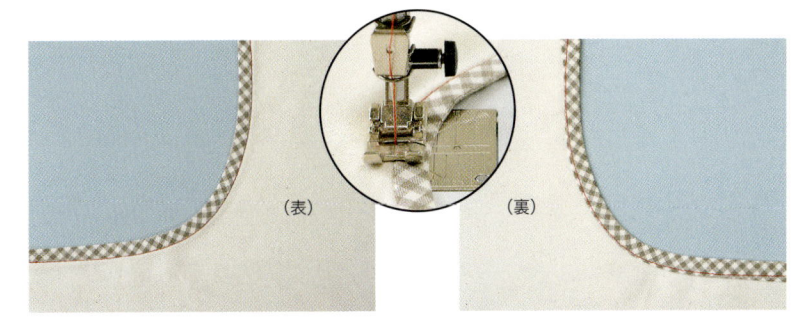

8 表から、バイアステープの幅が均等になっているか確認する。バイアステープのきわに表から落としミシンをかける。

9 内カーブの縁どりの縫い上がり（裏）。

凸角の縁どり　アフガン、ひざかけの周囲など

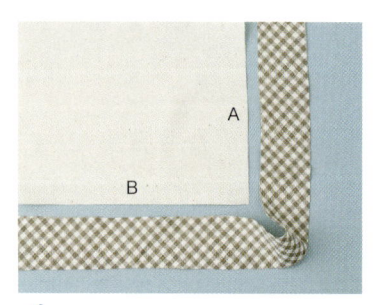

1 凸角の布にバイアステープをつける（バイアステープの端から0.5cmのところに折り目をつけておく→p.99-1）。

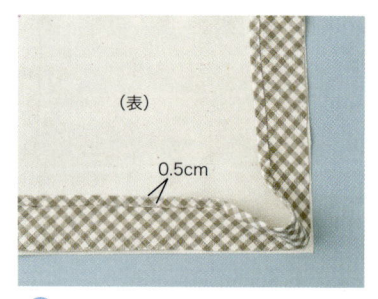

2 バイアステープの断ち端と布を中表に合わせる。

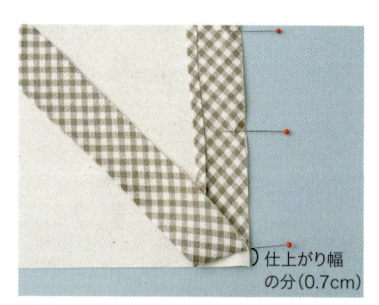

3 Aとバイアステープを合わせてまち針を打つ。このとき、角は仕上がり幅の分（ここでは0.7cm）を残してまち針を打つ。

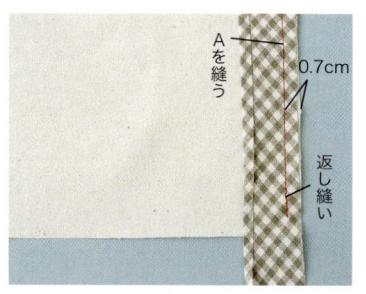

4 端から幅をそろえて（ここでは0.7cm）縫い、まち針の位置でとめ、返し縫いをして糸を切る。

5 バイアステープを写真のように折ってアイロンをかける。

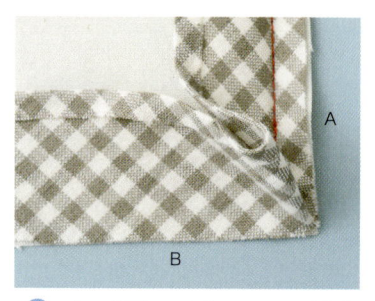

6 角の部分のバイアステープをたたむ。

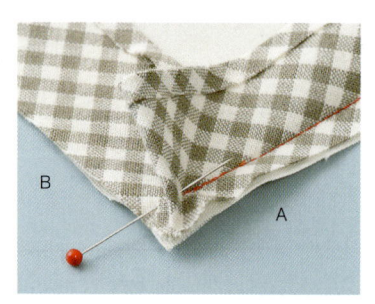

7 角にバイアステープの端を合わせてまち針を打つ。

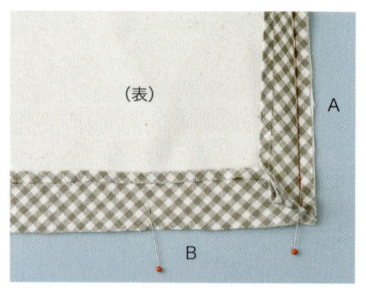

8 Bとバイアステープを合わせてまち針を打つ。

9 角は返し縫いをして、Bとバイアステープを縫う。

10 9を裏から見た角の縫い目。返し縫いが入っている。

11 角を指で押さえ、表に返す。

12 表に返したところ。

13 表に返した角の布をまち針でとめる。

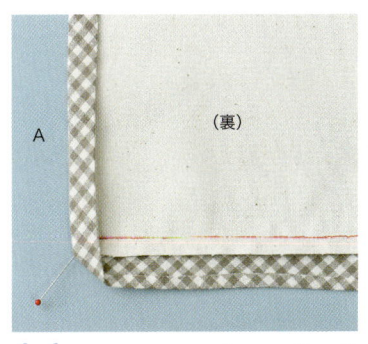

14 バイアステープでAの縫い代をくるみ、アイロンをかける。

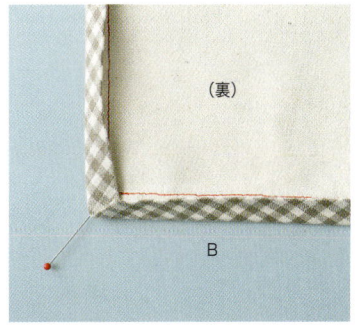

15 まち針を印にして折り、Bの縫い代をくるみ、角をきれいにたたんでアイロンをかける。熱接着糸があればはさんでもよい。

16 表から、バイアステープの幅が均等になっているか確認する。

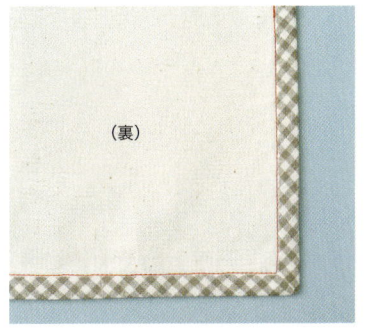

17 表からバイアステープのきわに落としミシンをかける。

18 縫い上がり（裏）。このあと手縫いで角の縫い代をとめる（→p.104）。

3章 ミシン縫い 10の基本 縁の始末

手縫いで角をとめる

角の布の重なりを手縫いでとめ、浮き上がらないように押さえます。とくに幅広のテープで縁どりをしたときは必要です。

1 玉結びをして、バイアステープの重なりの間を1針縫う。

2 玉結びを隠すようにバイアステープの内側に入れる。

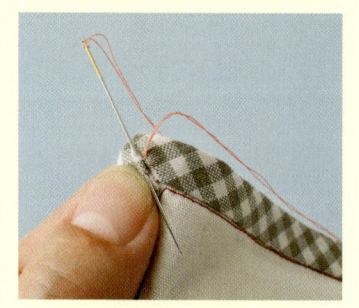

3 縁側から針を入れ、布をすくって針を出す。

裏側に針を出してまつる

4 角の布が重なる部分を1針縫う。

5 もう一度布をすくって針を出す。

6 再び縁側から針を入れ、布をすくって針を出す。

7 玉結びをする。

8 テープの間に針を入れ、1cmほど離れたところから出し、糸を強く引いて玉結びを内側に入れて糸を切る。

9 縫い上がり。

一周したバイアステープをはぐ

作品のまわりをぐるりと一周してバイアステープでくるむとき、小さなものの場合は周囲を測ってテープをはぎ合わせてから縫いつけます。大きなものの場合は、途中で布がたるみ、誤差が出やすいので、あとからはぎ合わせます。

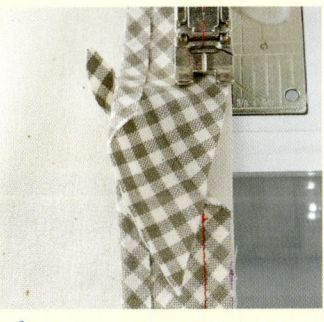

1 縫い始めたところに戻ってきたら3～4cm手前で針を刺したままミシンをとめる。

2 バイアステープをつき合わせに折り、必要な長さを確認する。

3 0.5cmの縫い代をつけて切る。

4 バイアステープの端をつき合わせる。

5 めうちで押さえながら、縫い線がつながるように縫う。

6 縫い合わせたところ。

7 手縫いでつなぎ目をまつる。

8 バイアステープからはみ出た部分を切り、アイロンで整える。

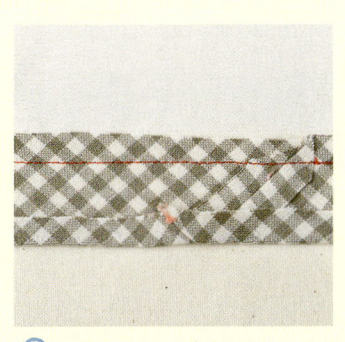

9 バイアステープがつながったところ。このあと布端をくるみ、仕上げる。

3章 ミシン縫い 10の基本 縁の始末

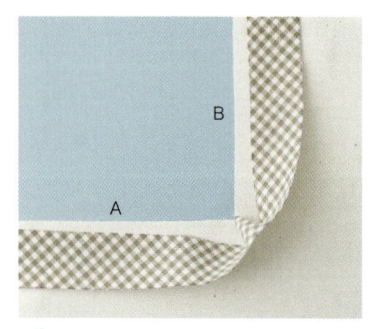

凹角の縁どり　スクエアネックなど

1 凹角の布にバイアステープをつける（バイアステープの端から0.5cmのところに折り目をつけておく→p.99-1）。

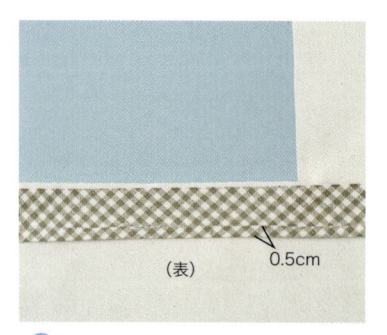

2 バイアステープの断ち端と布の端を中表に合わせる。

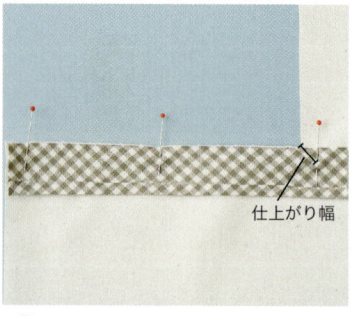

3 Aとバイアステープを合わせてまち針を打つ。このとき、角は仕上がり幅の位置にまち針を打つ。

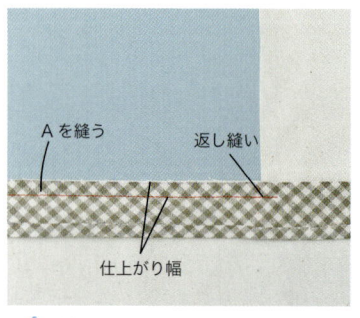

4 端から仕上がり幅の長さで正確に縫い、まち針の位置でとめ、返し縫いをして糸を切る。

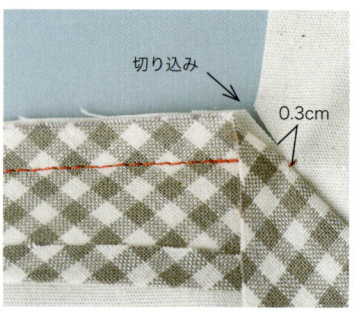

5 角の縫い代にでき上がりの0.3cm手前まで切り込みを入れる。

6 AとBがまっすぐになるように開き、まち針を打つ。

7 角にまち針を打ったところ。

8 角から返し縫いをして、Bとバイアステープの端から仕上がり幅のところを縫う。

9 角を縫ったところ。バイアステープは裏側が見えている。

10 9を裏から見た角の縫い目(裏)。しっかり返し縫いをしている。

11 バイアステープを表に返して、アイロンをかける。

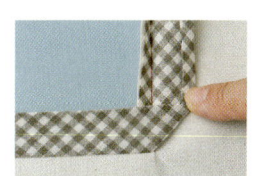

12 アイロンの先で押さえ、写真の上・下の順にバイアステープをたたむ。

13 たたんだところにまち針を打つ。

14 裏に返し、ミシン目に重ねるようにして縫い代をくるむ。角は重なった部分をていねいにたたみ、アイロンの先で押さえる。

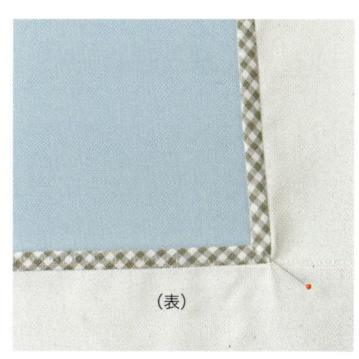

15 表から、バイアステープの幅が均等になっているか確認する。

16 表から、バイアステープのきわに落としミシンをかける。

17 縫い上がり(裏)。

18 角が開いてこないようにまつり縫いでとめる。

市販のバイアステープを使う

市販のバイアステープは、色、幅、素材などがさまざまで、種類も豊富。用途に合わせて使い分けましょう（ここでは両折り12.7mmのタイプを使っています）。

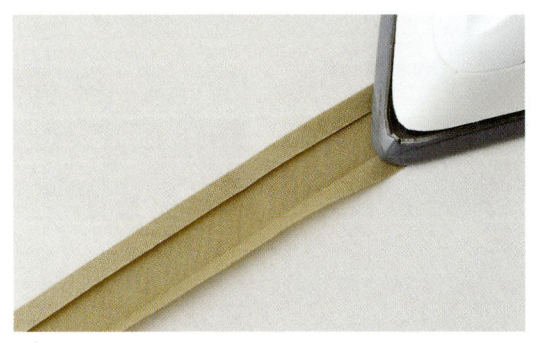

1 バイアステープに軽くアイロンをかけて折りじわをとり、片側の折り目を少し開いておく。

2 1のバイアステープの端と布を中表に合わせ、まち針を打つ。

3 バイアステープの折り山に沿って縫う。

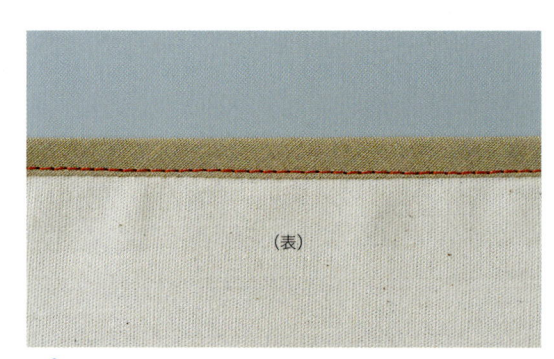

4 バイアステープで縫い代をくるみ、テープの端を縫う。

5 直線縫いをした場合。

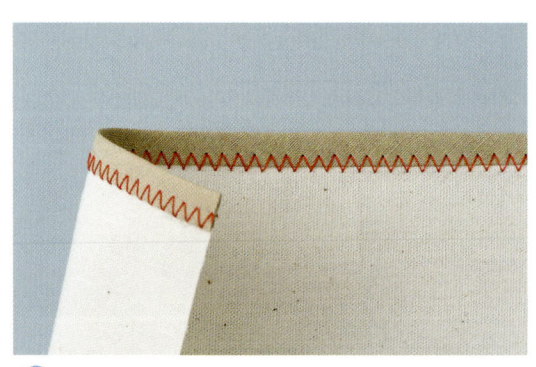

6 デザインによってはジグザグミシンをかけても。

市販のパイピングテープ（細いコードをくるんだ布）を使う

パジャマの前端などに入っているテープ。玉縁（たまぶち）ともいいます。ポケット口や袖口、衿などのアクセントやバッグ、クッションにも使います。

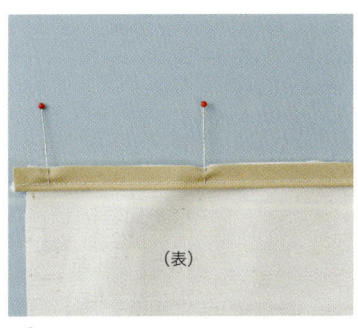

1 パイピングテープの端と布を中表に合わせ、まち針を打つ。

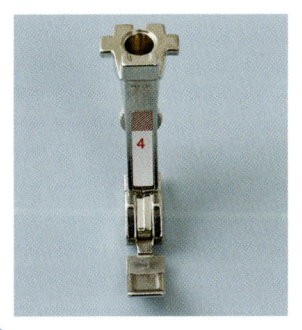

2 ファスナー用の押さえ金を使う。

3 コードが入っている部分のきわを縫う。このとき針目は大きめでよい。

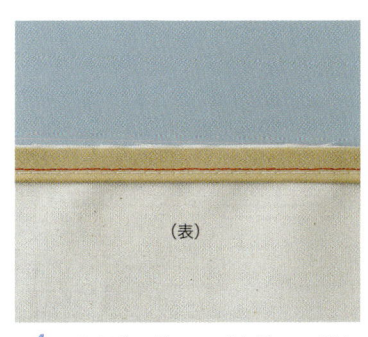

4 パイピングテープを縫いつけたところ。

5 もう一枚の布を中表にして合わせ、まち針を打つ。

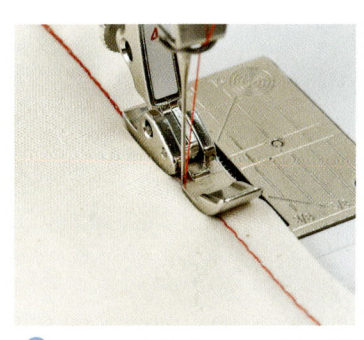

6 1本目の縫い線の少し内側を縫う。このとき針目は通常に戻す。

7 パイピングテープをはさんで縫い合わせたところ。

8 アイロンをかけて、布を開いたところ。

9 仕上げにパイピングテープのきわにステッチをかけてもよい。

ふき出し

ふき出しは、縫い合わせた2枚の布を表に返したとき、裏側の布が表の縁から細く見えるように仕上げる方法です。パイピングに似ています。

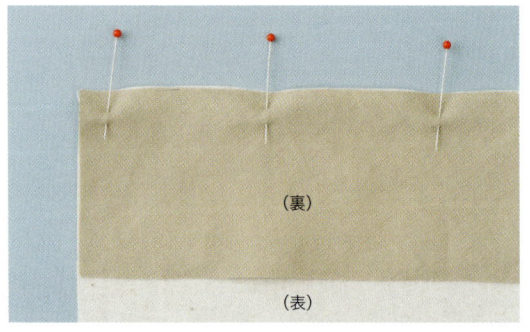

1 2枚の布（ベージュの布は飾り用）を中表に合わせ、まち針を打つ。

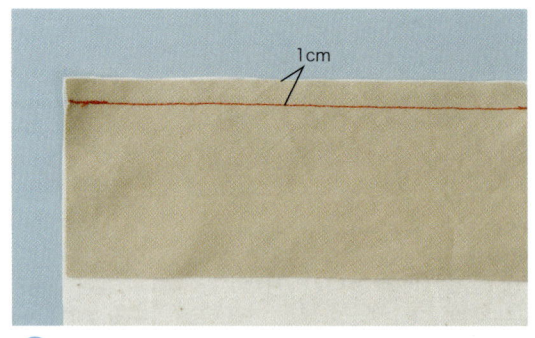

2 布端から1cmのところを縫う。

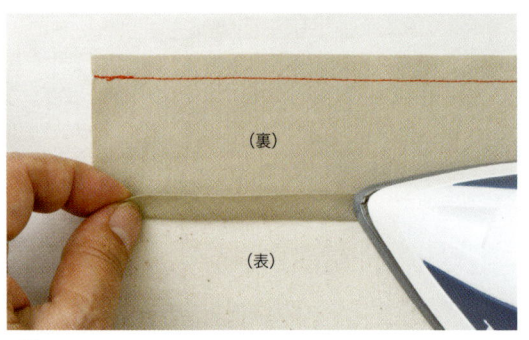

3 ベージュの布の端を0.5cm折り、アイロンをかける。あれば熱接着糸をはさんでもよい。

4 布を開いて縫い代を割り、縫い代を指で押さえながらアイロンをかける。

5 表に返し、ベージュの布を0.3cmほど出して折り、アイロンをかける。

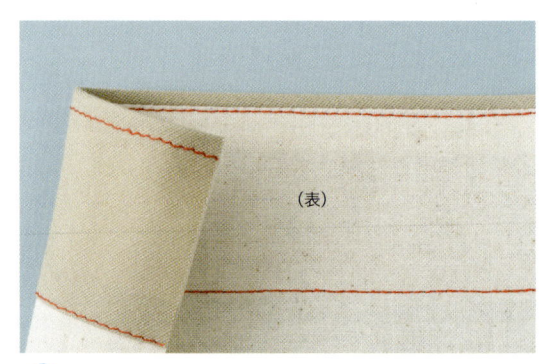

6 ふき出しの布のきわと、ベージュの布の端にステッチをかける。

透ける布地の縁の始末

オーガンジーなどの薄地の洋服の衿ぐりの始末をする場合は、バイアステープを二重にして幅をそろえて縫い、そのあと衿ぐりに縫いつけます。ワンランク上の始末の仕方です。布によって伸びる分量が違うので、必ず試し縫いをして必要なバイアステープの幅を決めてください。

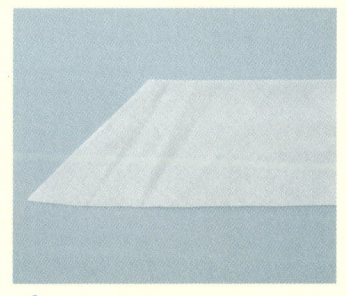

1 仕上がり幅の8〜9倍のバイアステープを作る。

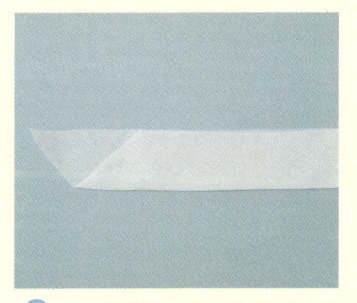

2 二つ折りにしてアイロンをかける。

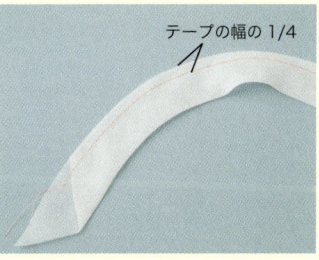

3 大きめの針目にし、よじれないように2枚そろえて伸ばしながら布端を縫う（しつけミシン）。このとき縫い代は、二つ折りにしたテープの幅の1/4にする。
（テープの幅の1/4）

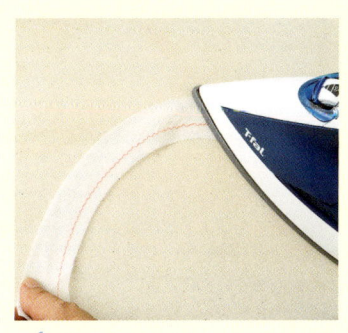

4 縫い合わせるところの形に合わせてアイロンをかける。

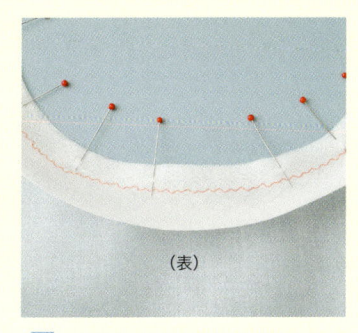

5 布端とバイアステープを合わせて、まち針を打つ。必要ならばしつけをかける。（表）

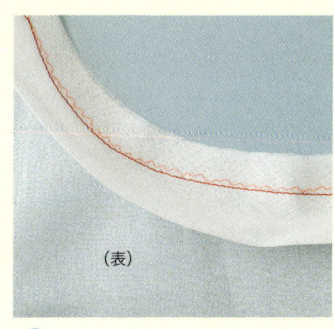

6 バイアステープを縫いつける。（表）

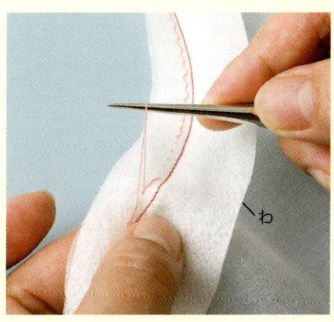

7 めうちを使い、しつけの糸（3の糸）をはずす。（わ）

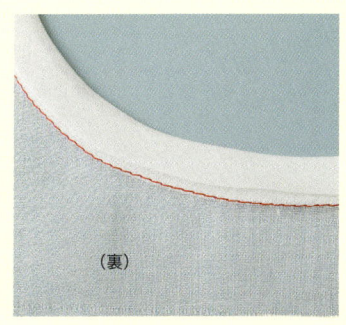

8 バイアステープで縫い代をくるむ。（裏）

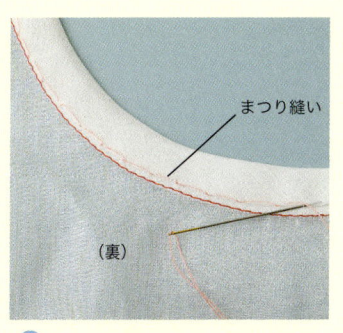

9 まつり縫いで「わ」の部分を縫い代にとめる。（裏）（まつり縫い）

3章 ミシン縫い 10の基本 縁の始末

111

7 ファスナーのつけ方

ファスナーつけができると、作品の幅がグーンと広がります。熱接着両面テープの使い方、スライダーの動かし方などのこつをつかみましょう。

ファスナーの種類と各部の名称

ファスナーは形態と素材によってさまざまな種類があります。

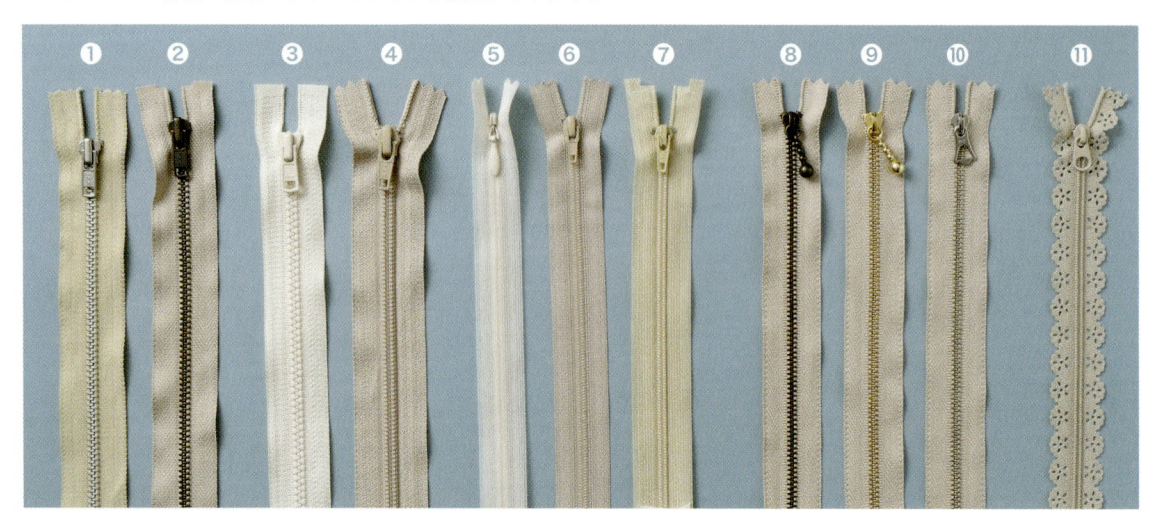

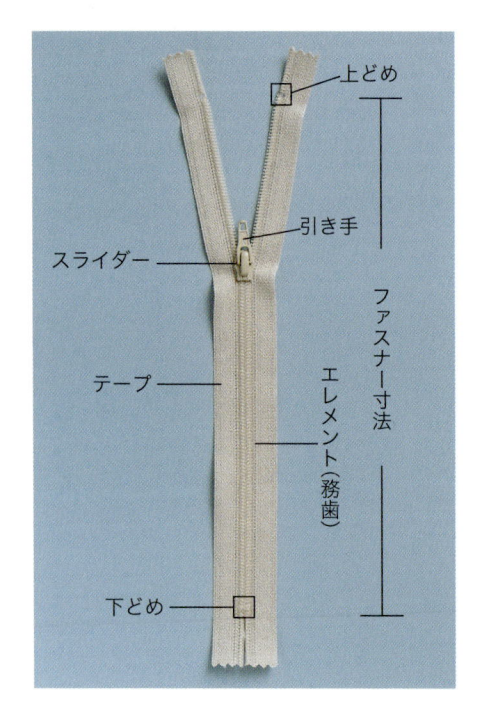

（写真ラベル：上どめ／引き手／スライダー／テープ／エレメント（務歯）／下どめ／ファスナー寸法）

❶ **金属ファスナー　シルバー**……表から見えるようにつけるとスポーティーな印象になる。

❷ **金属ファスナー　いぶし銀**……スポーティーですが、クラシックな仕上がりに。①、②ともにオープンタイプ（下どめがはずれて左右に分かれるタイプ）もあり、エレメントの大きさにも種類がある。

❸ **ビスロンファスナー**……エレメントが樹脂でできていて、大きさも色も豊富。スポーティーな洋服やバッグに。

❹ **コイルファスナー**……エレメントがコイル状の樹脂でできているファスナー。細いタイプはポーチや洋服に、太いタイプはスポーツバッグなどに。

❺ **コンシールファスナー**……エレメントが表に出ないので、ファスナーを閉じると縫い目のように見える。ファッション性を重視するワンピースやスカートなど、ファスナーつけを目立たせたくないところに。

❻ **フラットニットファスナー**……エレメントをテープに編み込んである。薄いので押さえ金を専用のものにしなくても縫うことができる。色数、サイズが豊富。

❼ **フラットニットファスナー　オープンタイプ**……⑥のオープンタイプ。ジャケットの前あきなどに。

❽❾ **引き手に飾りのついたタイプ**……写真のようなビーズタイプのほか、いろいろなチャームがついているものがある。

❿ **引き手の穴が大きいタイプ**……引き手の穴が大きく、テープなどを通して結ぶことができる。

⓫ **テープがレース加工されているタイプ**……テープの部分が表に出るように、そのまま縫いつけて使う。

フラットニットファスナーのつけ方

スカートやワンピースなどのあきによく使われます。専用の押さえ金がなくても、普通の押さえ金でつけられます。

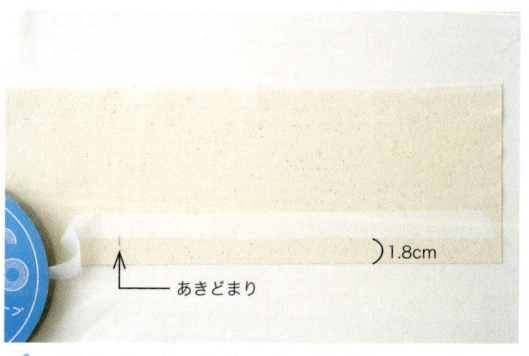

1 上側になる縫い代（2cm）に伸びどめテープを貼る。このときあきどまりの下1cmぐらいまで貼る。

2 2枚の布を中表に合わせ、ファスナーあきどまりから下の縫い代をまち針でとめる。

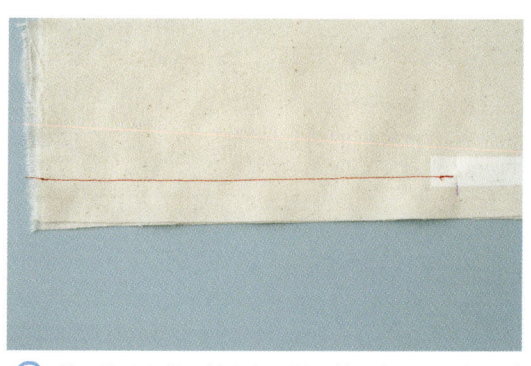

3 縫い始めと縫い終わりに返し縫いをして、あきどまりまで縫う。

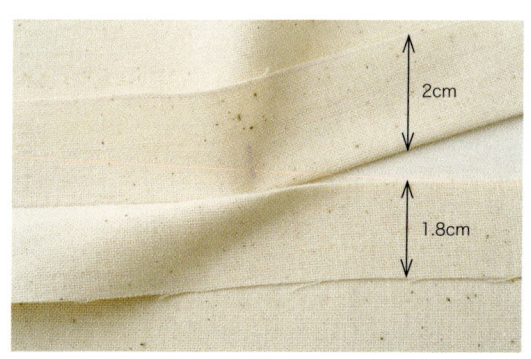

4 布を開いて縫い代を割る。ファスナーあきの下側は、でき上がりより0.2cm出して縫い代を折る。

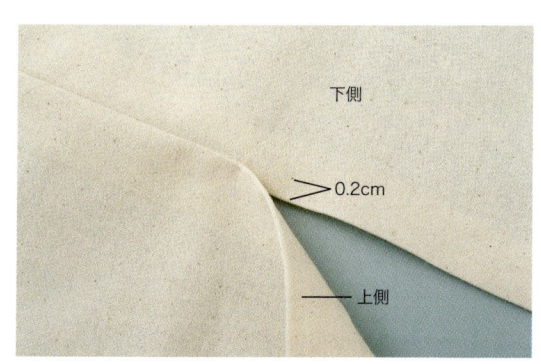

5 表から見ると、上側が0.2cm重なっている。

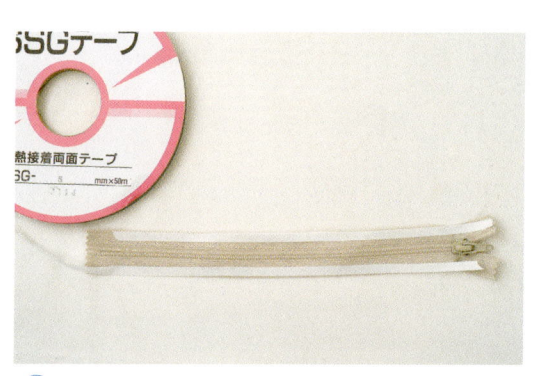

6 ファスナーテープの表の両側に熱接着両面テープを貼る。

7 熱接着両面テープの片側だけ剝離紙をはがし、ファスナーあきの下側の布に、アイロンで接着する。このときアイロンの縁を使い、布とテープのみにかける。

8 ファスナーあきの下側を接着したところ。

9 ファスナーを開いて縫い始める。

10 4〜5cm縫ったら、針を落としたまま押さえ金を上げて、めうちを引き手の穴に入れ、スライダーを押さえ金の後ろにずらす。

11 スライダーを後ろにずらしたところ。

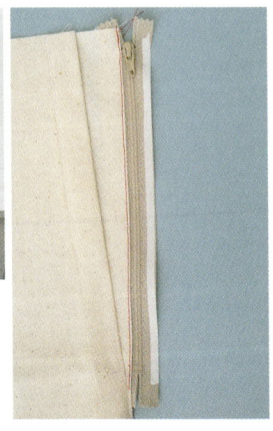

12 あき止まりから1cmのところまで縫ったら返し縫いをして、糸を切る。

7-ファスナーのつけ方

13 ファスナーを閉め、もう片側の熱接着両面テープの剥離紙をはがす。

14 上側の布を下側に0.2cm重ねる。エレメントをよけ、ファスナーテープの部分のみにアイロンをかけて接着する。

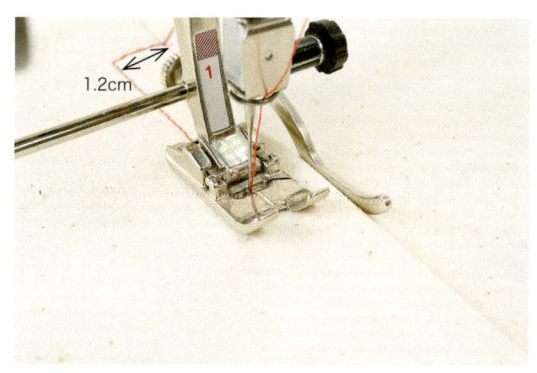

15 あきどまりの位置で返し縫いをし、1.2cmのところで針を落としたまま方向を変え、ステッチをかける。

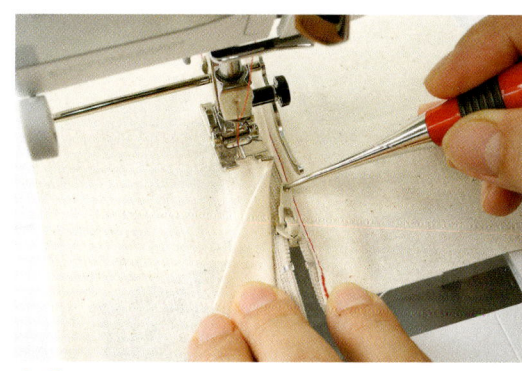

16 縫い終わりの4～5cm手前で針を落としたまま押さえ金を上げて、めうちでスライダーを移動させて端まで縫う。

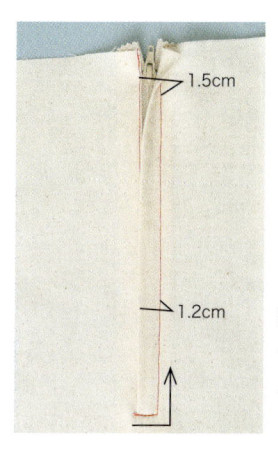

17 縫い代幅は、スライダーが止まる位置で1.5cmにするとおさまりがよい。ファスナーを縫いつけたところ(表)。

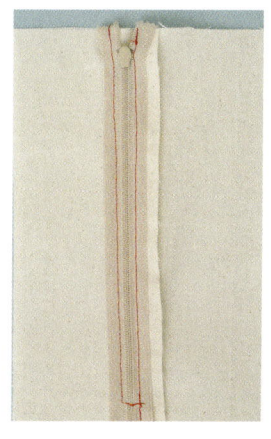

18 ファスナーを縫いつけたところ(裏)。

コンシールファスナーのつけ方

コンシールファスナーはつけ寸法より3cm以上長いものを用意し、専用の押さえ金を使って縫います。ファスナーを閉じると縫い目のように見えます。

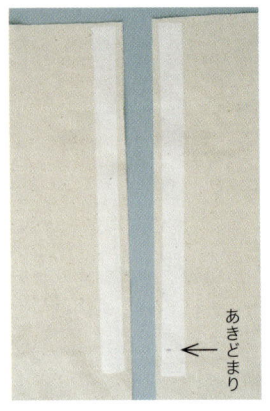

1 ファスナーあきの部分の両方の縫い代（1.5cm）に伸びどめテープを貼る。このとき、あきどまりの下1cmまで貼る。

2 2枚の布を中表に合わせ、あきどまりまでは縫い目を大きめに縫う（しつけミシン）。普通の縫い目に戻し、返し縫いをして、あきどまりから下を縫う。

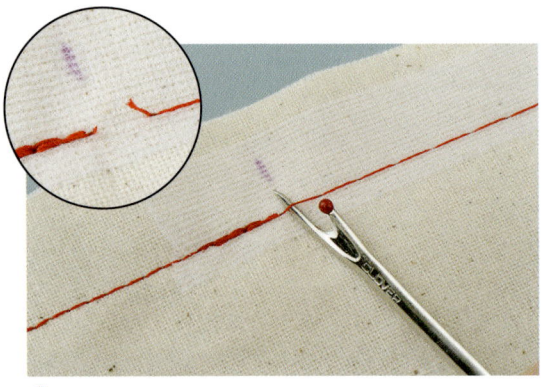

3 あきどまりの位置で、大きな縫い目をリッパーで切る。

4 糸は抜かずに、布を開いて縫い代を割る。

5 ファスナーテープの表の両側に熱接着両面テープを貼る。

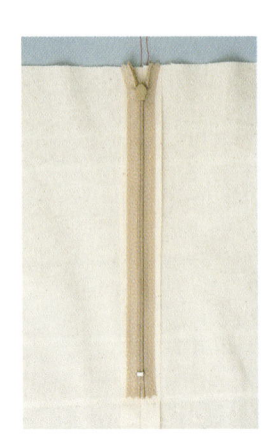

6 熱接着両面テープの剥離紙をはがし、縫い目がエレメントの中心になるようにセットして、テープの部分にだけアイロンをかけて接着する。

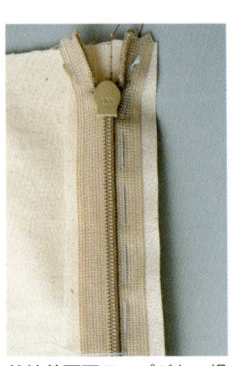

熱接着両面テープがない場合は、しつけをかける。

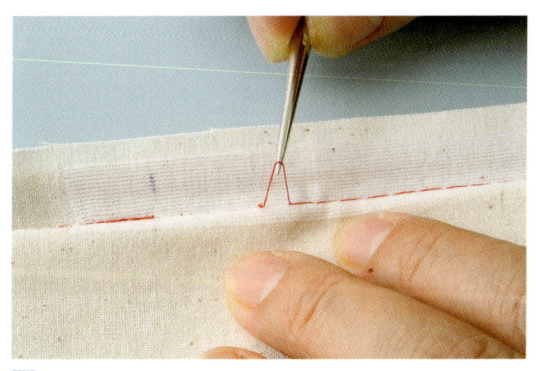

7　大きめの縫い目で縫った糸をめうちで引き抜く。

8　スライダーを下げて、あきどまりのすき間に押し込む。

9　裏に返すとスライダーが見えるので、引っ張り出して下げる。

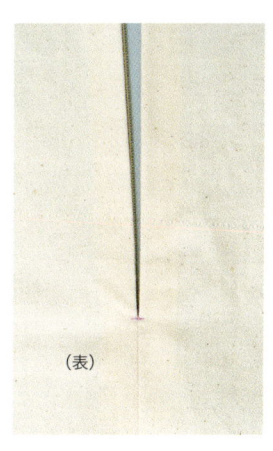

（裏）

10　ファスナーを仮どめしたところ（表）。

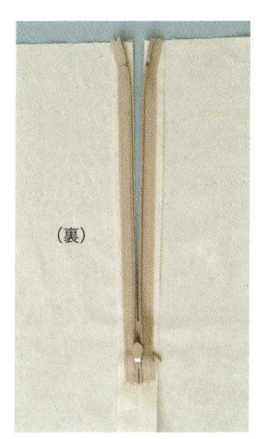

（表）

11　ファスナーを仮どめしたところ（裏）。

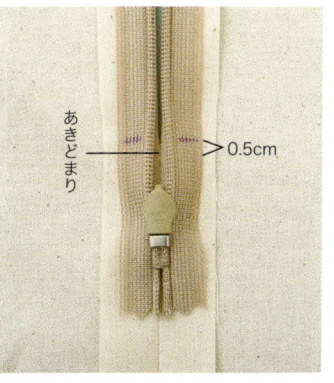

（裏）

12　裏に返し、ファスナーのあきどまりの0.5cm上に印をつける。

あきどまり　0.5cm

Point
0.5cmあけておくときれいな仕上がり

ファスナーをつけるとき、きっちりあきどまりまで縫うとしわができやすくなります。0.5cm手前まで縫うようにしたほうが、仕上がりがきれいです。

3章　ミシン縫い　10の基本　ファスナーのつけ方

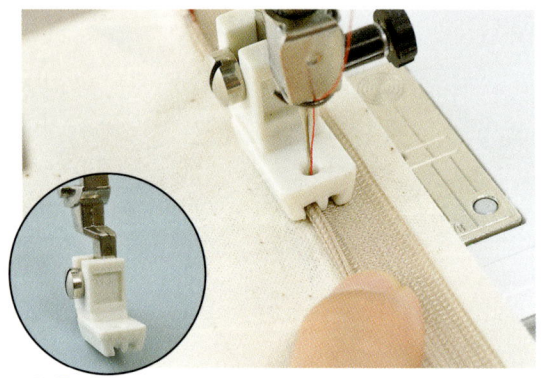

13 エレメントを起こし、コンシールファスナー押さえ（左下の写真）の溝にはめ、きわを縫う。

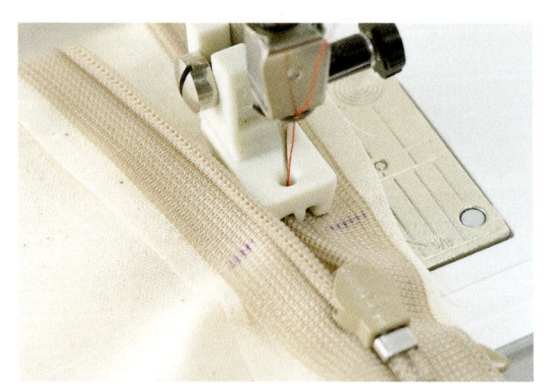

14 12でつけた印のところまで縫ったら返し縫いをして、糸を切る。

15 もう片方は、印の方から縫い始める。縫い始めと縫い終わりに返し縫いをする。

16 ファスナーの下の部分を起こし、引き手をあきどまりのすき間に入れる。

17 スライダーを引き上げて元の状態に戻す。

18 下どめの金具をあきどまりの位置でとめ、ペンチを使い、締める。

19 ファスナーを縫いつけたところ（表）。

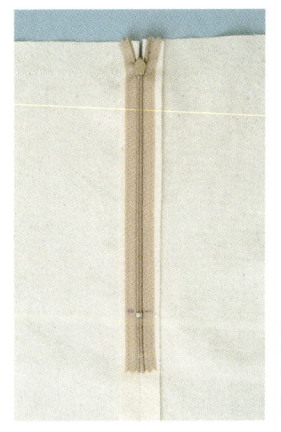

20 ファスナーを縫いつけたところ（裏）。

フラットニットファスナーをつき合わせでつける

コンシールファスナーと同じようなやり方で、フラットニットファスナーを簡単につける方法です。

1. 両方の縫い代に伸びどめテープを貼る。このとき、伸びどめテープは布端から1cmあけて、あきどまりの下1cmまで貼る（写真①）。
2. 布を中表に合わせ、まち針で留める。
3. あきどまりまで縫い、返し縫いをして、あきどまりから下も縫う（→p.116-2〜3）。
4. アイロンをかけて縫い代を割る。
5. ファスナーテープの表の両側に熱接着両面テープを貼る。
6. 熱接着両面テープの剥離紙をはがし、エレメントが縫い目に重なるようにセットして、アイロンをかけて接着する（→p.116-6）。大きい針目の糸を抜く（→p.117-7）。
7. 表からステッチをかける。4〜5cm縫ったら、針を落としたまま押さえ金を上げて、めうちを使ってスライダーを押さえ金の後ろにずらす。
8. あきどまりまで縫って、返し縫いをし、もう片側も縫う。
9. ファスナーを縫いつけたところ（写真②表、写真③裏）。

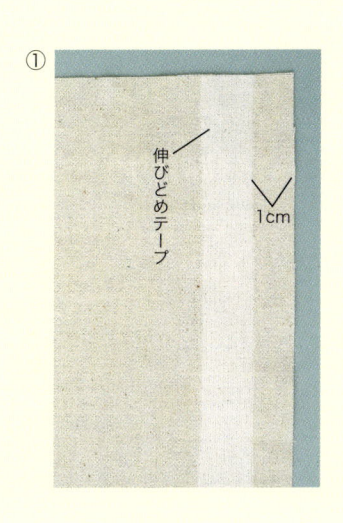

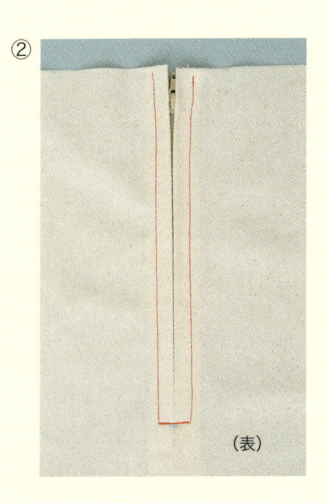

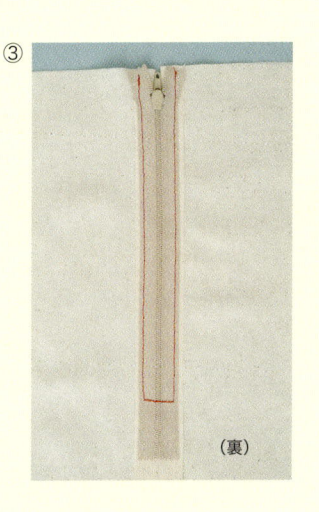

① 伸びどめテープ 1cm

② （表）

③ （裏）

いちばん簡単なファスナーつけ

フリースなどのほつれない布に飾りミシン(またはジグザグミシン)を使って、表からファスナーを縫いつけます。小物入れやバッグのポケット口などに。

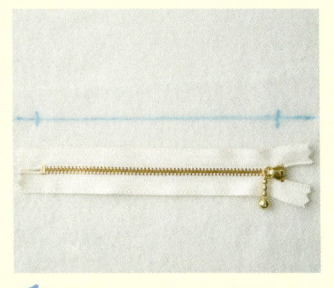

1 ファスナーをつける位置に印をつける。

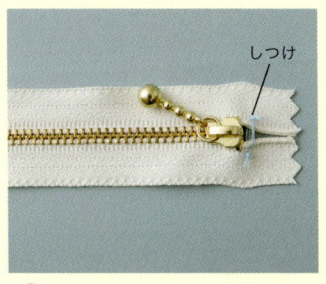

2 仕上がりをきれいにするために、ファスナーの口を閉じ、テープの部分をしつけでとめておく。

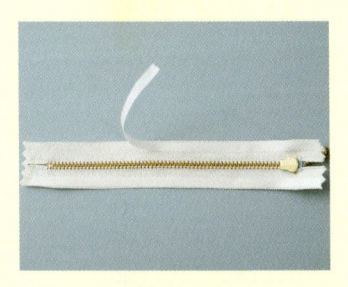

しつけ

3 ファスナーテープの裏の両側に熱接着両面テープを貼る。

4 熱接着両面テープの剥離紙をはがし、ファスナーをつける位置に置き、アイロンをかけて接着する。フリースは熱に弱いので、アイロン台の端を利用し、アイロンの先でかける。

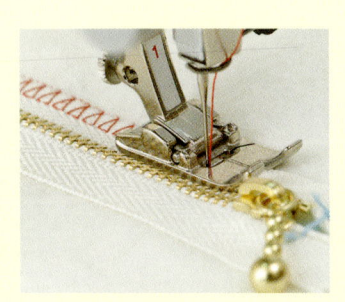

5 表からファスナーテープのきわに飾りミシン(またはジグザグミシン)をかける。

6 スライダーにあたるときは、針を落としたまま押さえ金を上げて、引き手を引いてよけて縫う。

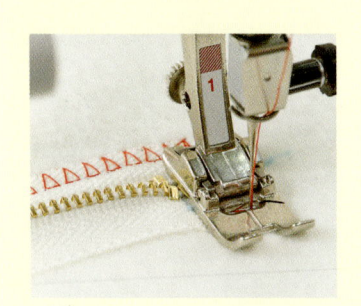

7 ファスナーの上下は向きを変えて、細かいジグザグミシンをかけて丈夫にする。ファスナーの周囲を一周縫う。

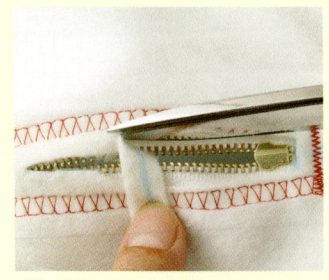

8 ファスナーをあけて裏に返し、ステッチのきわから布を切り取る。

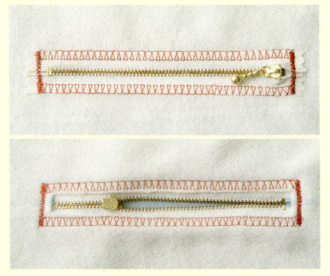

9 ファスナーを縫いつけたところ(上:表 下:裏)。

ソーイング Q&A 09

Q フェイクファーや毛皮をはぎ合わせるときはどうしたらいいの？

A めうちで毛を入れ込むようにして縫う。

フェイクファー（模造毛皮）や毛皮は、衿元につけたり、バッグや小物のアクセントに使ったりします。縫い代をつけずにジグザグミシンではぎ合わせる方法と、縫い代をつける方法の2種類があります。

1 フェイクファーは裏面の編み地、毛皮は革の面に、型紙どおりに印をつける。

2 切るときは毛の面を下にし、編み地や革の部分だけはさみの先を使って少しずつ切っていく。

3 毛を切らずにきれいに裁断できたところ。

4 毛の面を内側にして2枚重ね、合印を合わせる。めうちで毛を内側に入れ込むようにして、編み地や革の端をジグザグステッチで縫い合わせる。

5 広げて、めうちの背で縫い目を押して割る。

6 縫い目に入り込んだ毛足を引き出し、ブラシで毛を整える。

縫い代をつける場合

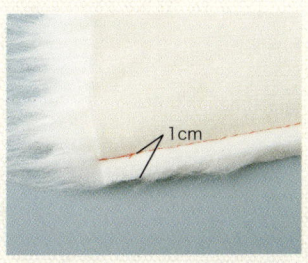

1 縫い代を1cmつけて針目を大きくし、縫う。

2 縫い目にはさまった毛足をめうちや粗い目のブラシで引き出す。

3 毛並みの方向に整えて自然な毛の流れにする。

8 ひもの作り方とつけ方

ひもを作る　折りたたんで作るやり方と、縫い返して作る方法を紹介します。必要な布は、幅＝でき上がり幅＋1cmの2倍、長さ＝でき上がりの長さ＋2cmです。

折りたたんで作るひも

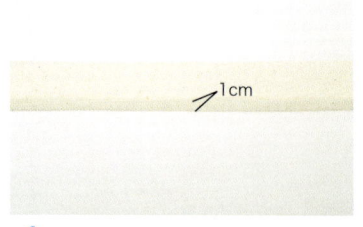

1　布端の両側を1cm内側へ折る。

2　両端を合わせて半分に折り、アイロンで折り目をつける。

3　ひもの端を開いて1cm内側に折り、アイロンで折り目をつける（上）。もう一度開いて、片側の角を三角にカットする（下）。

4　端を1cm折ったまま、左端を折り目から内側にたたむ。

5　左端をたたんだところ。

6　たたんだ左端の上を開く。

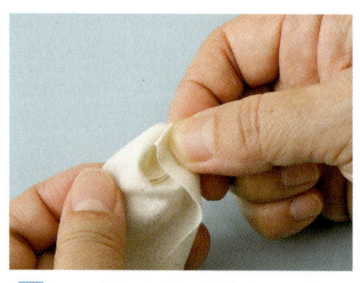

7　6で開いた間に右端を入れる。

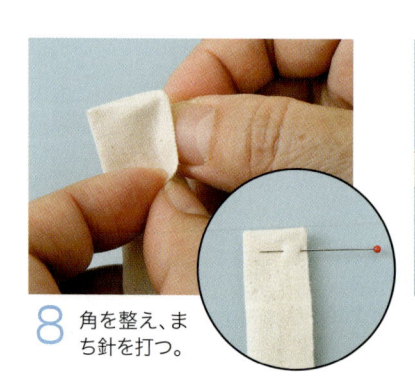

8　角を整え、まち針を打つ。

9　折り山を合わせ、ステッチをかけて押さえる。

122　8-ひもの作り方とつけ方

縫い返して作るひも

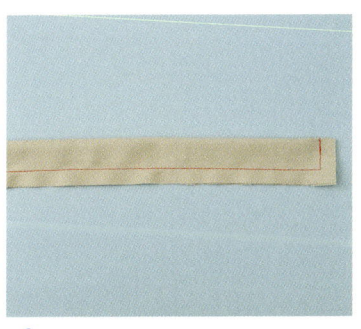

1 布を中表に合わせ、1cmの縫い代で縫い合わせる。片方の端は返し口としてあけておく。

2 角の縫い代を三角に切る。

3 短い辺の布端を折り、アイロンをかける。

4 アイロンの先で長い辺の縫い代を割る。

5 角をたたみ、アイロンの先で押さえる。

6 角をたたんだまま、内側に押し込む。

7 細い棒を差し込んで布を少しずつ表に返す。

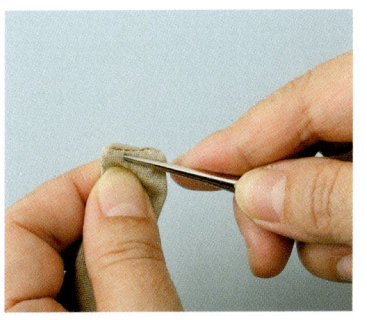

8 めうちで角の縫い代を押し出すようにして形を整える。

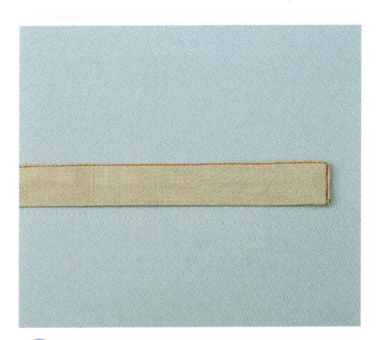

9 1で縫い残した返し口を内側に折り込み、布端にステッチをかけて押さえる。

通し口を作る

通し口には、縫い目を利用して布の縁に作るやり方やボタンホールを応用してあける方法などがあります。いずれも、通し口がほつれないように仕上げることがポイントです。

通し口を表から見えない位置に作る

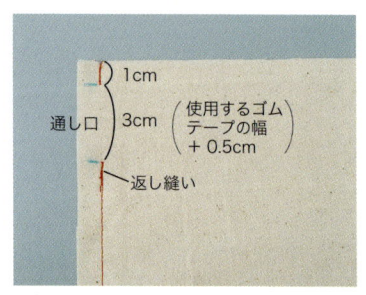

1 布を中表に合わせ、通し口のところをあけて縫う。

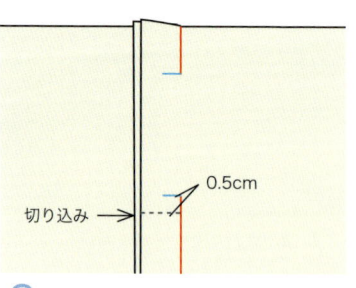

（1cm／通し口 3cm（使用するゴムテープの幅＋0.5cm）／返し縫い）

2 布を開いて縫い代を片側に倒す。通し口から0.5cm下に、片方の縫い代にのみ切り込みを入れる。

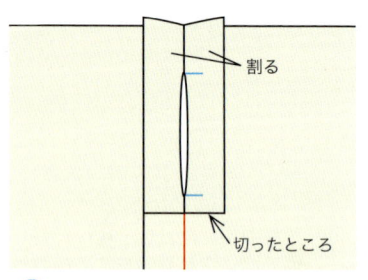

（切り込み／0.5cm）

3 切り込みを入れた縫い代を割る。

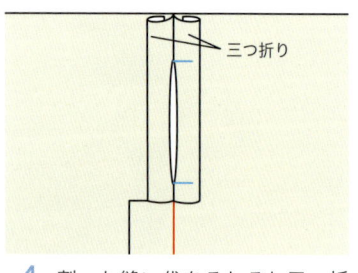

（割る／切ったところ）

4 割った縫い代をそれぞれ三つ折りにする。

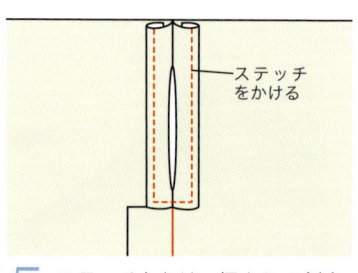

（三つ折り）

5 ステッチをかけて押さえる（裏）。

（ステッチをかける）

6 通し口の端を1cm折り、アイロンをかける。

7 さらにもう一度3cmの幅で折り、アイロンをかける（裏）。

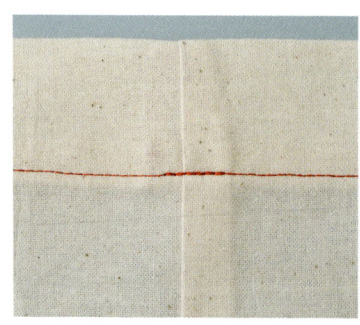

8 縫い代にステッチをかける（表）。

9 通し口に2.5幅のゴムを通したところ（上：表　下：裏）。

通し口を表から見える位置に作る

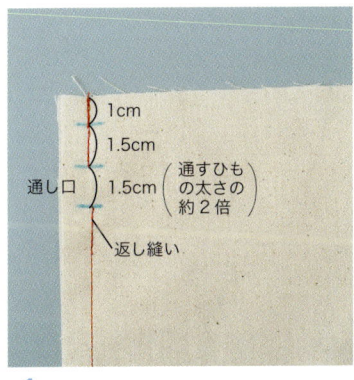

1 布を中表に合わせ、通し口のところをあけて縫う。

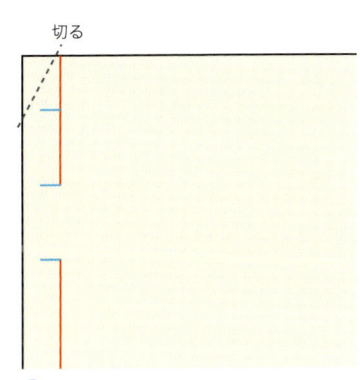

（図中：1cm／1.5cm／1.5cm／通し口／通すひもの太さの約2倍／返し縫い）

2 厚地の場合は布端を三角に切る。

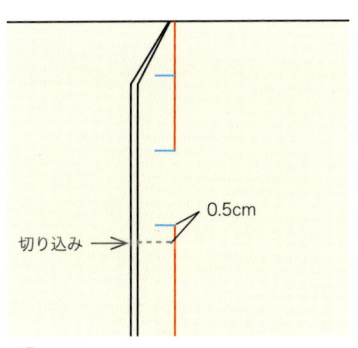

（図中：切る）

3 布を開いて縫い代を片側に倒す。通し口から0.5cm下に、片方の縫い代にのみ切り込みを入れる。

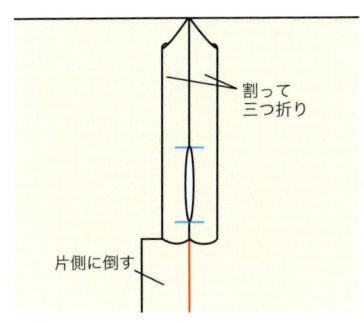

（図中：切り込み／0.5cm）

4 切り込みを入れた縫い代を割る。割った縫い代をそれぞれ三つ折りにする。

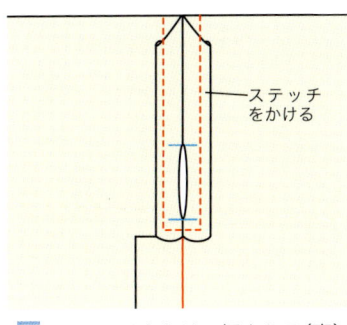

（図中：割って三つ折り／片側に倒す）

5 ステッチをかけて押さえる（裏）。

（図中：ステッチをかける）

6 通し口の端を1cm折り、さらに1.5cm折ってアイロンをかけ、三つ折りにする。

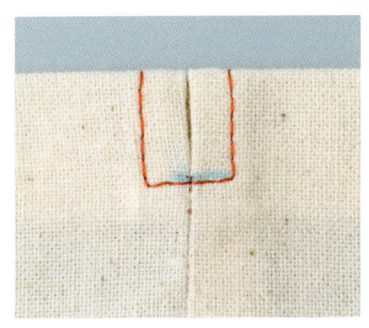

7 三つ折りにしたところ（表）。

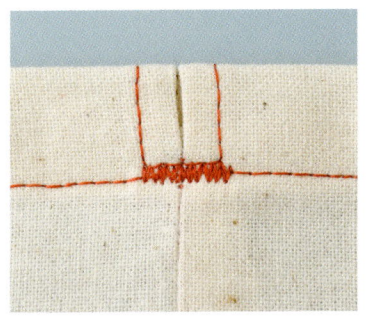

8 縫い代にステッチをかける。補強のために、通し口のとまりに細かいジグザグミシンをかける。

9 通し口に0.7cm太さのひもを通したところ（表）。

3章　ミシン縫い　10の基本　ひもの作り方とつけ方

ボタンホールで作る通し口(両折りバイアステープをあて布にする。ワンピースのウエストでひもを前に結ぶ場合など)

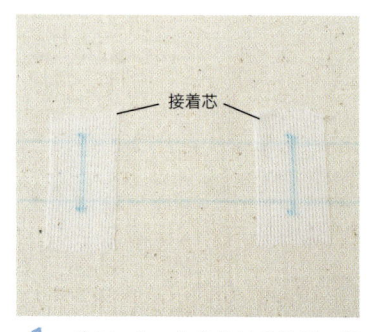

1 ボタンホールをあける位置の裏に接着芯を貼る。

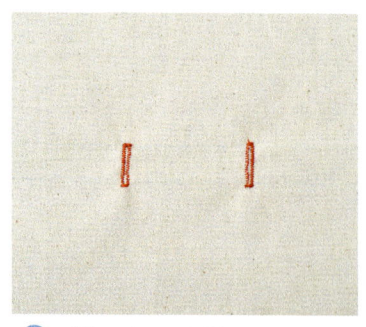

2 ボタンホールを縫う。

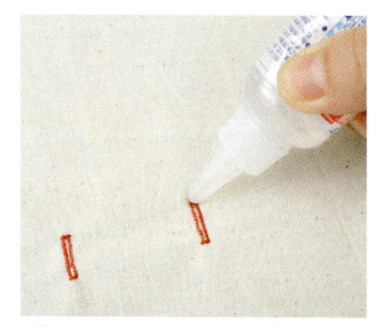

3 ほつれどめ(→p.16)をつけ、乾いてからリッパー(→p.17)で穴をあけておく。

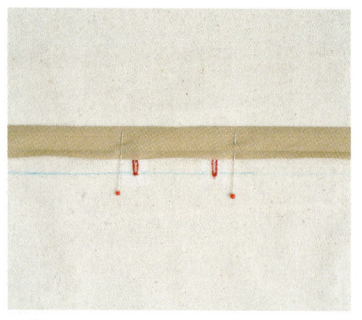

4 バイアステープ(市販品)の片側にアイロンをかけて広げ、でき上がりの位置とテープの折り目を合わせてまち針を打つ。

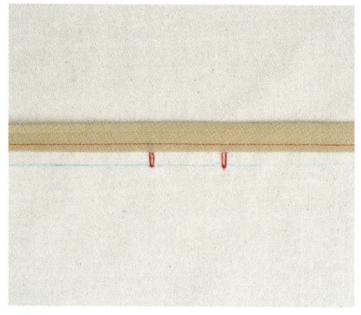

5 バイアステープの折り目に沿って縫う。

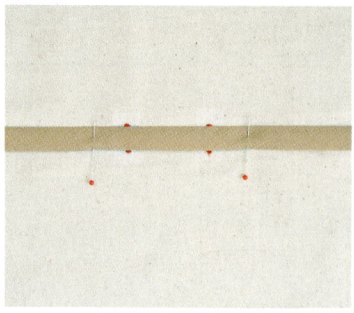

6 バイアステープを折り返し、まち針を打つ。

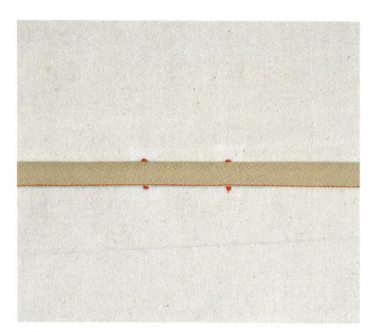

7 ステッチをかけて仕上げる。縫い上がり(裏)。

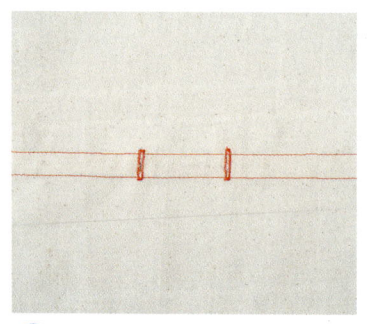

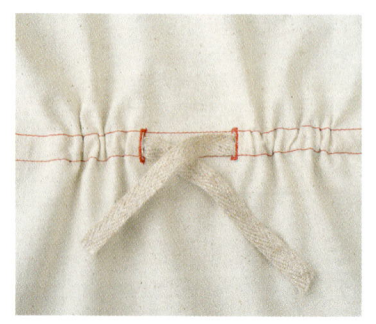

8 縫い上がり(表)。

9 ひもを通したところ(表)。

バッグに持ち手をつける

アクリル製のテープはトートバッグやシューズ袋などの持ち手によく使われます。テープの端の処理のしかたや縫いつけ方を知っておくと役立ちます。

1 持ち手用のアクリル製のテープの端は、ライターで軽くあぶって、ほつれてこないように処理をする(火の扱いには注意)。

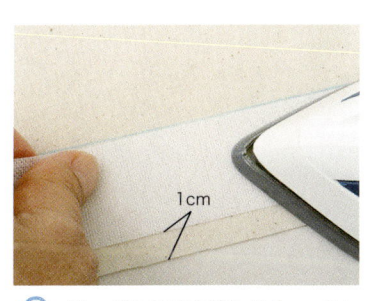

2 バッグの口の布端から1cmのところに接着芯を貼る。縫い代幅のインサイドベルト(ズボンやスカートのウエストに入れる帯状の芯)でもよい。

3 布端を折り、アイロンをかける。

4 もう一度折り、三つ折りにする。

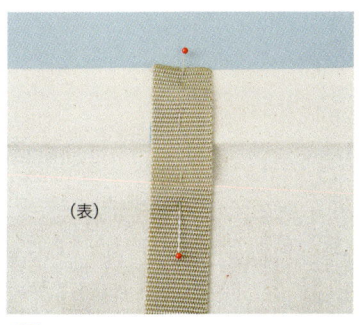

5 布を表にして、持ち手の位置にテープを合わせてまち針を打つ。写真のようにテープの端と中央に打つとしっかりとまる。

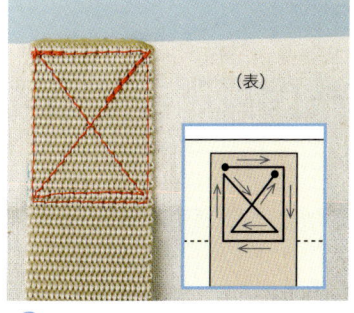

6 三つ折りの部分に持ち手を縫いつける。図のようにミシンをかける。縫い始めと縫い終わりに返し縫いをする。

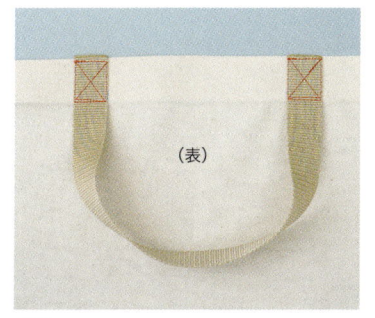

7 もう一方の端も同じように縫う。もう一本も縫いとめる。

8 三つ折りにしたところを裏側に折り、持ち手を上げる。三つ折り部分をまち針でとめ、表からステッチをかける。

9 縫い上がり(上:表 下:裏)。

3章 ミシン縫い 10の基本 ひもの作り方とつけ方

127

ループを作る

ループ返し（p.16）を使うと便利。必要な寸法よりも長めに布を用意し、縫い返しをしてから幅のそろっているところでカットしたほうが効率がよいでしょう。

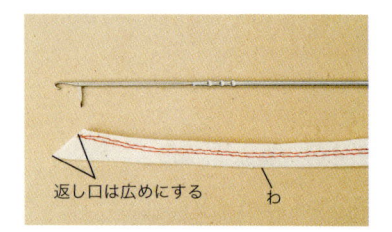

1　2.5cm幅のバイアス布を二つ折りにして二度ミシンをかける。縫い代は0.3cmぐらいにカットする。
　　返し口は広めにする　わ

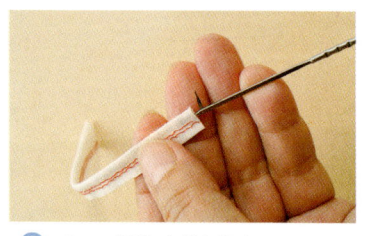

2　ループ返しを差し込む。

3　ループ返しの先のフックに布端を引っかける。

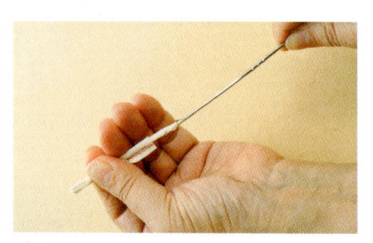

4　布がはずれないよう、少しずつループ返しを引いて、表へ返す。

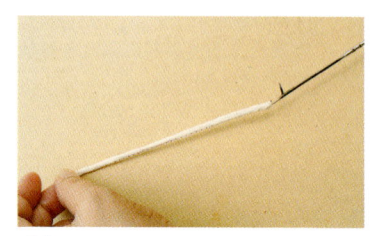

5　ループが全部返ったところ。

6　幅のそろったところを必要な長さに切って使う。

幅広のテープで持ち手を作る

旅行用やスポーツバッグなど、大きく作りたい場合は持ち手の中に芯を入れ、丈夫で握りやすく仕上げます。

1　幅広（幅4.5cm）のバッグ用テープと芯を用意する。

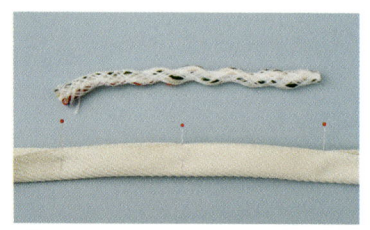

2　芯を入れる部分のテープを二つ折りにし、まち針でとめる。

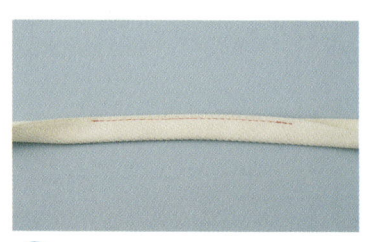

3　テープの端を縫い合わせる。

4　芯の端を糸で2〜3周しっかり巻き、縫いとめる。

5　ループ返しを差し込み、ループの先に芯を引っかけてテープの中を通す。

6　でき上がり。これを2本作り、バッグにつける。

芯を入れたループを作る

毛糸を芯にして、丸みのある丈夫なループを作ります。チャイナボタンやバッグの持ち手など用途はさまざま。

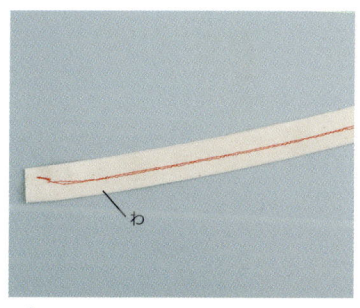

1. バイアスに裁断した布を二つ折りにして二度ミシンをかける。片方の返し口は広めになるように縫う。

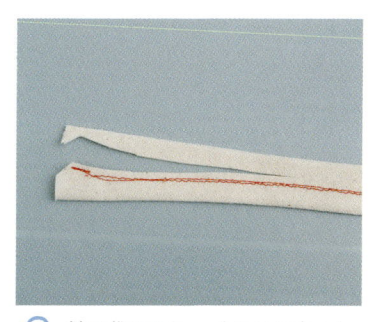

2. 縫い代は0.3cmぐらいにカットする。

3. 芯（毛糸）の真ん中を結んでおく。薄い色や白い布の場合、毛糸を布の色に合わせるとよい。

4. 結んだところから、芯を二つ折りにする。

5. ループ返しを差し込む。

6. ループ返しの先に芯の結び目と布端を引っかける。

7. 芯がよじれないよう、少しずつループ返しを引いて、布の先が中に返るようにして引き出す。

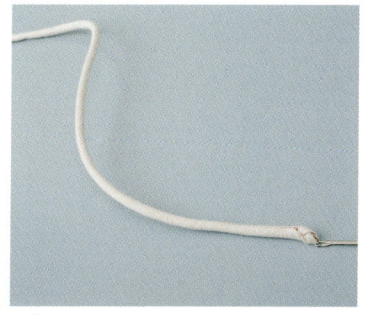

8. ループが全部返ったところ。

9. 必要な寸法に切って使う。

3章　ミシン縫い　10の基本　ひもの作り方とつけ方

9 ギャザー、タック、ダーツを縫う

ギャザー、タック、ダーツは作品を立体的に仕上げるためのテクニックです。印を合わせて縫い、きれいな形に整えましょう。

ギャザーを縫う

ギャザーとは布を縫い縮めて作る細かいひだのこと。合印をきちんと合わせ、めうちで布を押さえながら縫いましょう。

1 つけ布とギャザー側に合印をつける。型紙の合印だけでなく、その中間に合印を入れてもよい。

Point
薄地はつけ布の縫い代に伸びどめテープを貼る

薄地や伸縮性のある布の場合は、つけ布の縫い代の裏に伸びどめテープを貼っておくと、ギャザーが安定して縫い上がります。

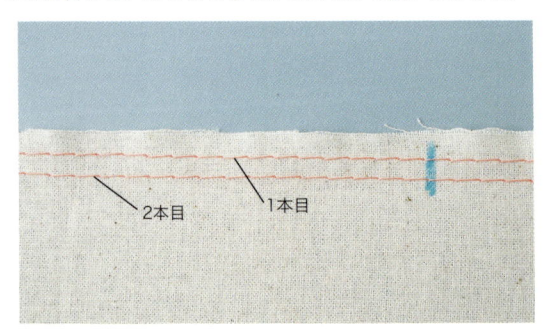

2 上糸を弱くし、大きめの針目で2本ミシンをかける。1本目は縫い代の中間、2本目は縫い線のきわにかける。

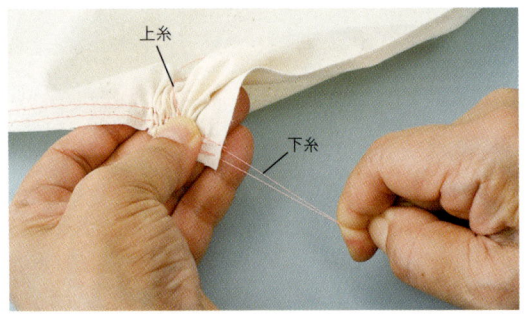

3 下糸を2本そろえ、玉結びをする。玉結びを持って2本一緒に引き、ギャザーを寄せる。上糸は左手で押さえておく。

4 ギャザーを寄せたところ。

5 縫い代にアイロンをかけてギャザーを落ち着かせる。

Point
布をさばきながらかける

アイロンのへりを縫い代にあて、左手で布をさばきながらかけるときれいにかかります。厚地の場合は裏からもアイロンをかけるとギャザーが落ち着きます。

6 印と印の間に均等にギャザーが入るようにめうちで整え、つけ布の合印を合わせる。

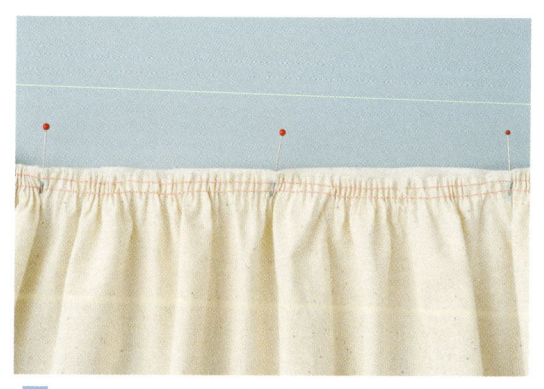

7 つけ布とギャザー布を中表に合わせ、まち針でとめる。

8 めうちでギャザーを押さえ、縫い代を確認しながら縫う。

9 縫い上がったところ。

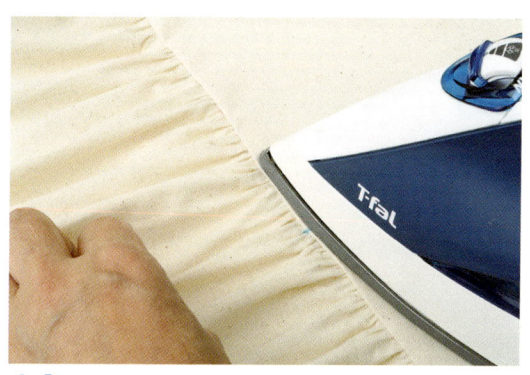

10 表に返し、左手でギャザーを整えながら、表からアイロンをかける。

11 縫い上がり（表）。

12 縫い上がり（裏）。

3章 ミシン縫い 10の基本 ギャザー、タック、ダーツを縫う

タックを縫う

タックは布をたたんで作るひだのこと。ミシンでしつけをかけるのがポイントです。

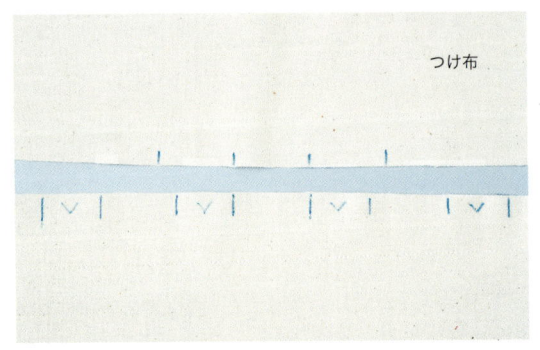

1 タックの位置に印をつける（Ⅴがタックの位置）。

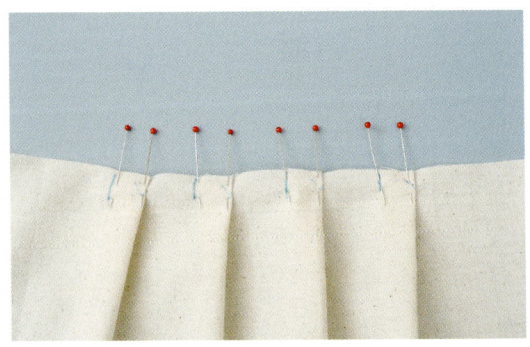

2 印と印を合わせてたたみ、まち針でとめる。

3 たたんだところに、縫い線より縫い代側に針目の大きなミシンをかける（しつけミシン）。

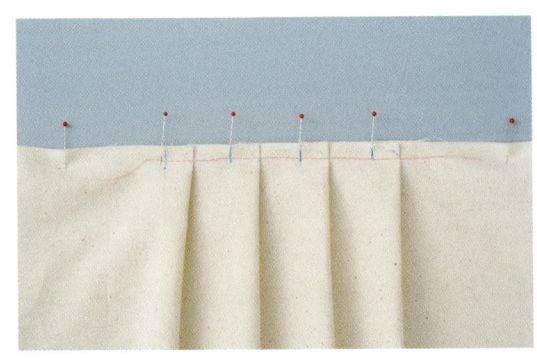

4 タックをつけた布とつけ布の合印を合わせて、まち針でとめ、ミシンをかける。

5 縫い上がり（表）。

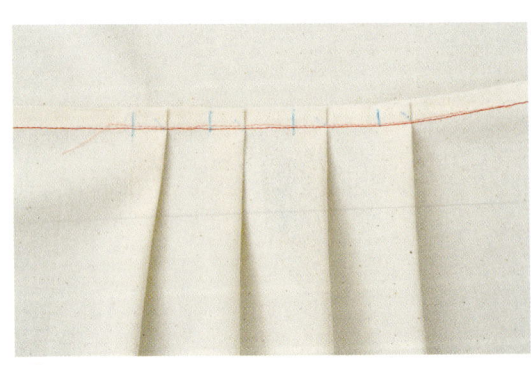

6 縫い上がり（裏）。

ダーツを縫う

ダーツは布を体にフィットさせるために、布をつまんで縫い立体的にする手法。ダーツの先は布の端の部分を、織ってある糸にミシンをかけるつもりで2、3目縫い、最後は返し縫いをせず、糸を結んで仕上げます。

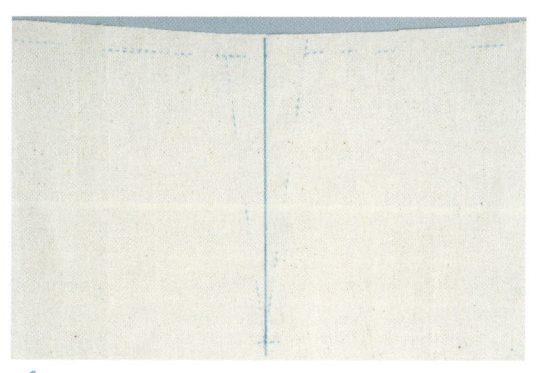

1 布用複写紙を使って型紙のダーツの印を写し、チャコペンで中心に線を引く。

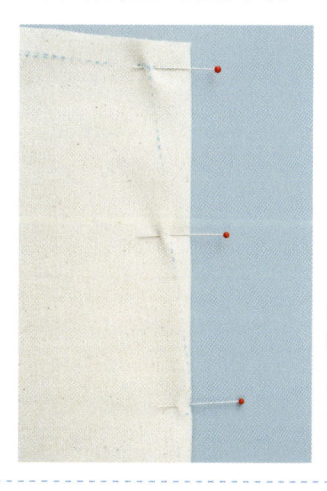

2 布を中表にし、中心の線で二つ折りにしてまち針を打つ。ダーツどまりの0.5cm手前にまち針を打っておく。

3 ダーツの先に向かって縫い、2のダーツどまり手前のまち針まで縫う。

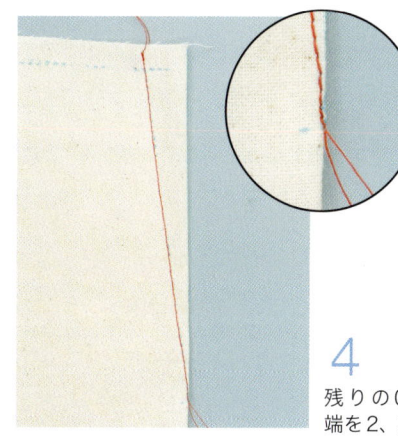

4 残りの0.5cmの布の端を2、3目縫う。

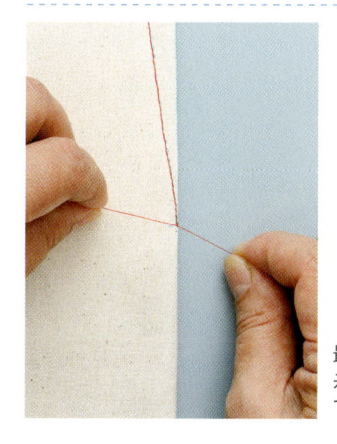

5 最後は返し縫いをせず、糸を10cmぐらい残して切り、一度結ぶ。

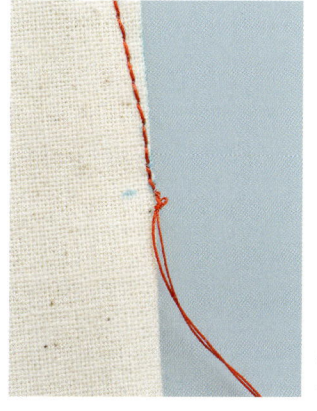

6 もう一度、糸を2本そろえて固結びにする。

3章 ミシン縫い 10の基本 ギャザー、タック、ダーツを縫う

7 0.5cmほど残し、余分な糸を切る。

8 ダーツの縫い上がり（表）。スカートやワンピースのウエストダーツは体の中心に向かって、胸ダーツは縫い代を上方向に倒してアイロンをかける。

9 ダーツの先が布になじみ、なだらかなカーブに仕上がっている。

これはNG!

なだらかに縫えていないと布の端になじまない

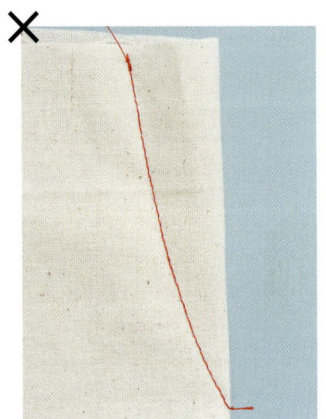

× ダーツの先の縫い目が布の端を縫っていない。

× 表から見ると、先がとがった感じになっている。

× 横から見ても、とがっている仕上がり。

| 厚地のウール素材のダーツの場合 | 厚地のウール素材の場合は、ダーツの縫い代をカットして割ります。

1 ダーツを縫い、先を結んだら（→p.133）、縫い代に水をつけ、アイロンをかけて布の厚みをつぶす。

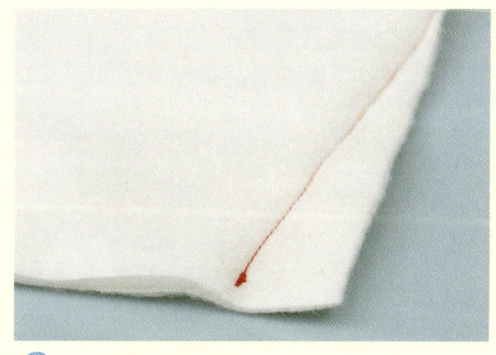

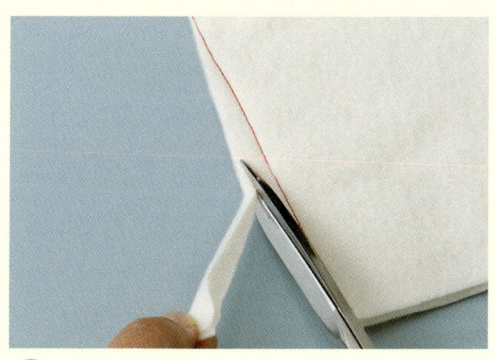

2 つぶしたところ。

3 縫い代を1cmほど残して、カットする。

4 アイロンの先で縫い代を割る。

5 縫い上がり（表）。

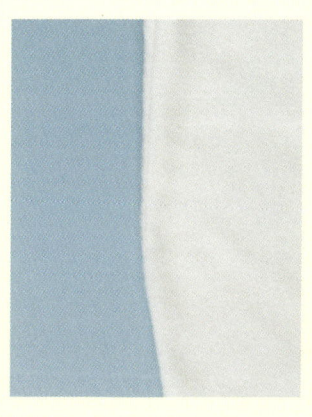

6 横から見た縫い上がり（表）。

10 スラッシュあきを縫う

ワンピース、ブラウスの衿ぐり、袖口などに切り込みを入れて「スラッシュあき」を作ることがあります。切り込み部分がほつれてこないように仕上げましょう。

スラッシュあきを作る

2枚の布を合わせて縫い、切り込みを入れて作るあきを「スラッシュあき」といいます。針目を細かくして縫い、ていねいに始末をします。

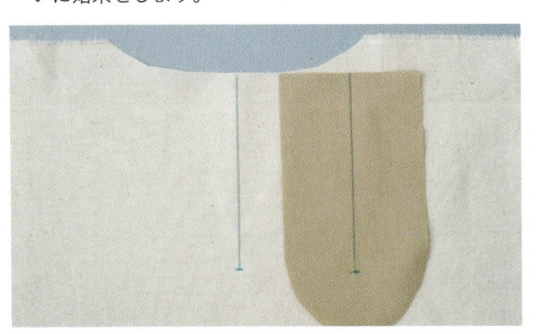

1 身頃の裏の切り込みを入れるところに印をつける。もう1枚の布(ベージュの布)にも印をつけておく。

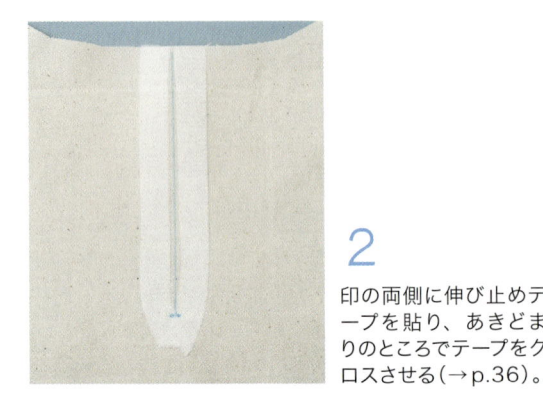

2 印の両側に伸び止めテープを貼り、あきどまりのところでテープをクロスさせる(→p.36)。

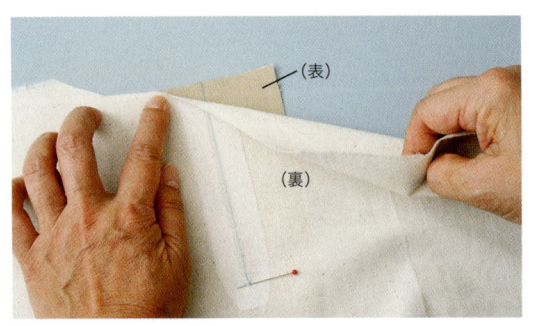

3 身頃とベージュの布を中表に合わせ、あきどまりの位置にまち針を打つ。

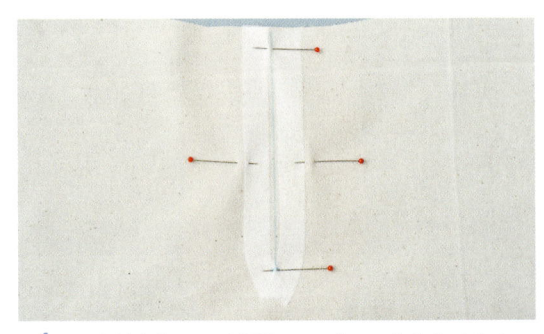

4 まち針を打って身頃とベージュの布をとめたところ。

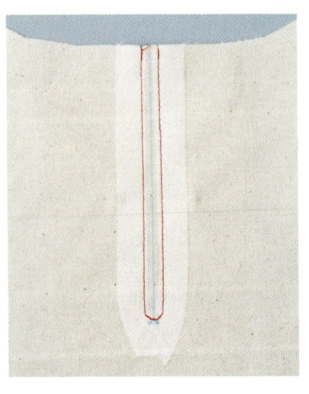

5 印の両脇(0.5cm)を縫う。

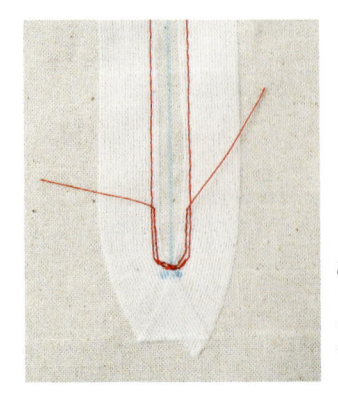

6 あきどまりのところは、返し縫いをするか、縫ったあとにもう一度縫って補強する。2回目は縫い目を細かくし、縫い代側を縫う。

円内図注記: ミシン糸 / 切り込み

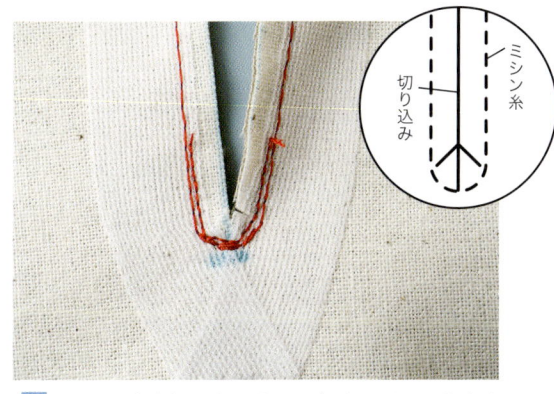

7 ミシン糸を切らないように気をつけて、切り込みを入れる。

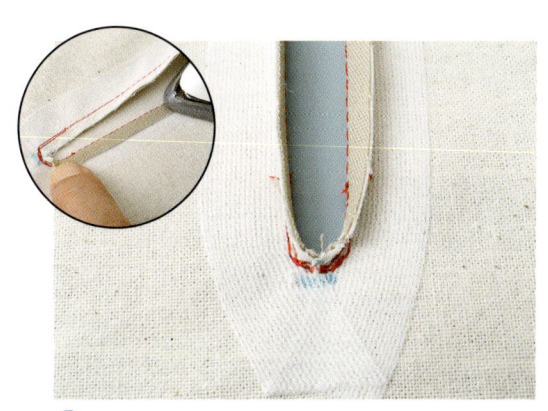

8 縫い目のきわにアイロンをかけて折る。

9 ベージュの布の裏のあきどまりに熱接着両面テープを貼ると補強になり、ステッチがきれいに仕上がる。

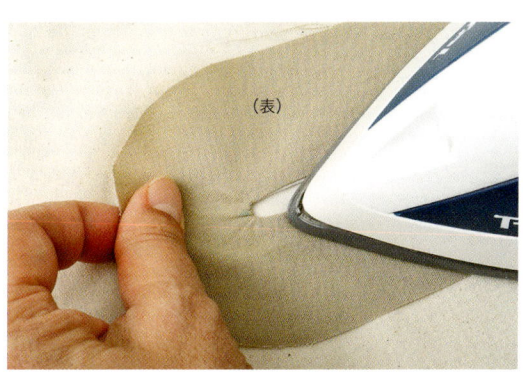

10 熱接着両面テープの剥離紙をはがし、ベージュの布の表からアイロンをかけて接着する。

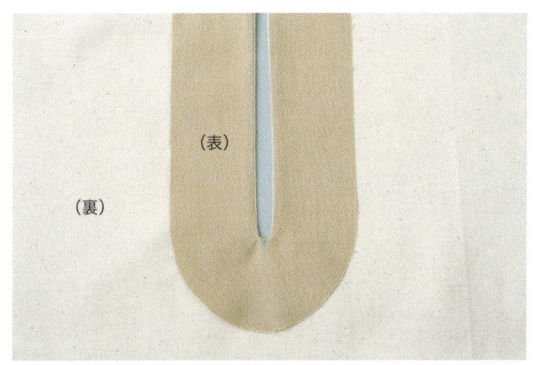

11 アイロンをかけ終わったところ。

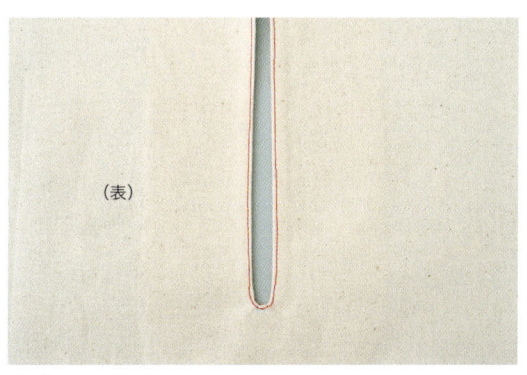

12 表に返し、あき部分に0.1cm幅のステッチをかけて仕上げる。

もっと知りたい ミシン縫いのいろいろ

基本のミシン縫いのほかに、知っておくといろいろな作品作りに応用できるテクニックを紹介します。

カーブの縫い代をきれいに仕上げる

フレアースカートの裾や丸いテーブルクロスなどの縁を仕上げるとき、そのまま縫ってしまうと縫い代の外まわりの浮き分がタックになってしまい、なだらかなカーブになりません。きれいに仕上げるこつをつかみましょう。

しつけミシンで縫い、いせる

ギャザーが寄らない程度に布を縮めることを「いせる(→p.6)」といいます。ウールなどの厚みのある布の場合、針目を大きくしてミシンをかけてから始末します。

1 裾の裏に印をつける(縫い代寸法×2)。

2 裾の縫い代の端に上糸をゆるくし、大きな針目のしつけミシンをかける。

3 下糸を引いて、いせる。

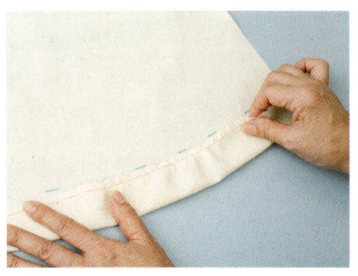

4 布端を印に合わせて縫い代を折り、カーブに沿っていせが均等になっているかをチェックする。

5 いせが片寄ったところは、アイロンをかけて落ち着かせる。

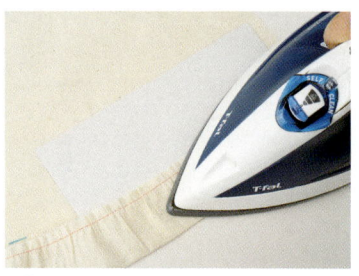

6 いせを入れた裾を折り、軽くアイロンをかける。厚紙をはさむと表にひびかない。

7 折り上げた縫い代の端に表からまち針を打ってとめる(またはしつけをかける)。

8 表からステッチをかける。

しつけミシンをせずに折ると… ×

縫い代の浮き分がタックになっている。その先が角となって、なだらかなカーブに仕上がっていない。

| かたい布地の場合 | **三つ折りにする**

デニムや麻などのかたい布で作る場合は、縫い代幅を細くし、三つ折りにしてダブルステッチをかけるときれいです。

1 アイロンをかけて裾を1cm折り、もう一度折ってアイロンをかける。

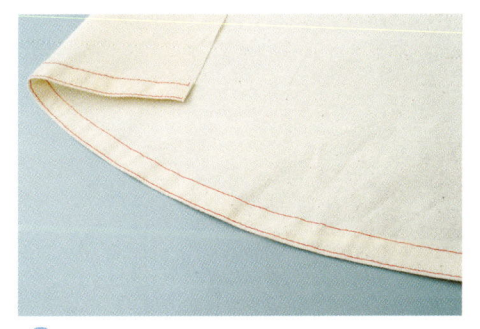

2 2本平行にステッチをかける。

| 中〜薄地の場合 | **しつけミシンをかけて三つ折りにする**

中〜薄地の布をひとえ仕立てで作るときに行う方法です。

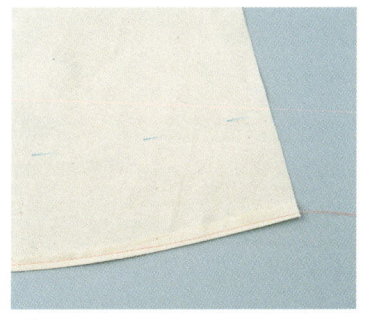

1 縫い代を1cm折り、端にしつけミシンをかける。

2 もう一度布端を折り、糸を引いていせる。

3 カーブに沿っていせを均等にし、厚紙をはさんでアイロンをかけて落ち着かせる。

4 いせを均等にする。

5 表からステッチをかける。

3章　もっと知りたい　ミシン縫いのいろいろ

バイアステープを使って始末する

張りの強いシルクやポリエステルの場合、バイアステープをつけてカーブの縫い代を始末すると、なだらかなラインに仕上がります。

1 バイアステープ（市販）の片側の縫い代にアイロンをかけて折り目を開いておく。

2 折り目を開いたバイアステープを縫い代の端に中表に合わせ、まち針でとめる。バイアステープは引きぎみにする。

3 バイアステープの折り目に沿って、タックが寄らないように縫う。

4 バイアステープをつけたところ。

5 ミシン目から布端側に、軽くアイロンをかけて落ち着かせる。

6 バイアステープと一緒に裾を裏側に折り、軽くアイロンをかけて形を整える。

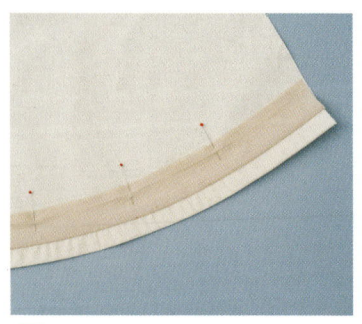

7 バイアステープにまち針を打ってとめる。

8 まつり縫いをしてバイアステープをとめる。

9 縫い上がり（表）。

レース・テープをつける

レースやテープなど、さまざまな種類のものが市販されています。つけ方を工夫して作品にプラスし、手作りを楽しみましょう。

レースをつける

裾やポケット口にレースをつけるときは三つ折りにします。厚紙を使うと縫いやすくなります。

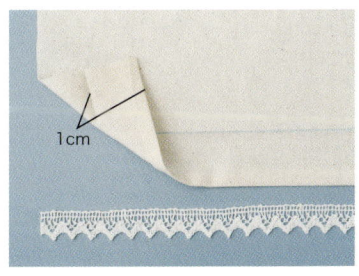

1 レースは水を通し、アイロンをかけておく。布端を1cm折っておく。レースをつける位置に印の線を引く。

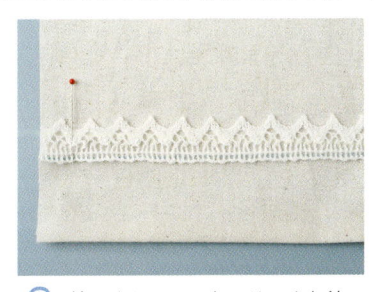

2 線の上にレースをのせ、まち針でとめる。

3 レースの端にミシンをかけ、縫い合わせる。はがきぐらいの厚さの紙を切って押さえ金の下にはさむと縫うときにずれない。

4 レースのきわからアイロンをかけ、縫い代を裏側にして折る。表からまち針を打ち、縫い代を留める。

5 表からステッチをかける。縫い上がり(表)。

6 縫い上がり(裏)。

山道テープ・ポンポンテープをつける

服やバッグなどのアクセントに。めうちを使ってずれないように縫いましょう。

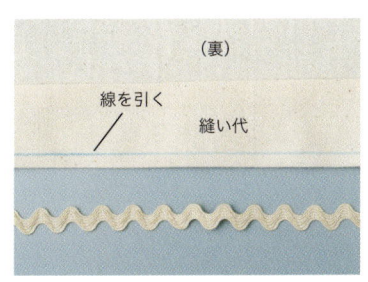

1 布端を三つ折りにしておく。山道テープをつける位置(折った端からテープの半分の幅)に線を引く。

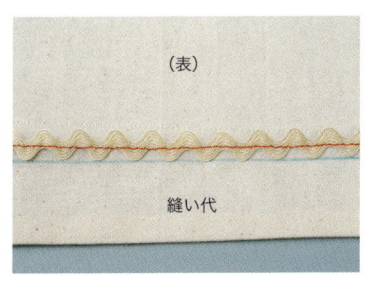

2 三つ折りにした部分を広げ、1の線と山道テープの端が合うようにのせ、中心を縫う。

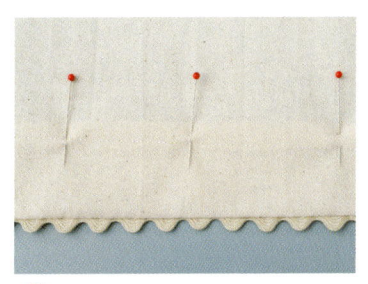

3 山道テープの縫い線のきわから裏側に折り、アイロンをかけ、表からまち針を打ち、縫い代をとめる。

4 縫い代にステッチをかける(表)。

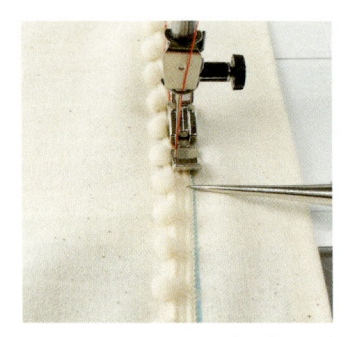

厚みのあるコードパイピングテープやポンポンテープはファスナー用の押さえ金(→p.109)に替えて、めうちで押さえながら、ずれないように縫う。

縫い代にステッチをかける(表)。

山道テープをカーブさせてつける

ワンピースやブラウスの衿元などにテープをカーブさせてつける場合は、形をきれいに整えてからつけましょう。

1 型紙のカーブに合わせながら、アイロンをかけて落ち着かせる。

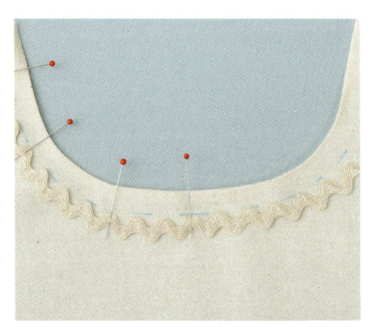

2 山道テープをつける位置に印をつけ、テープをまち針でとめる。熱接着両面テープ(→p.34)を使ってもよい。

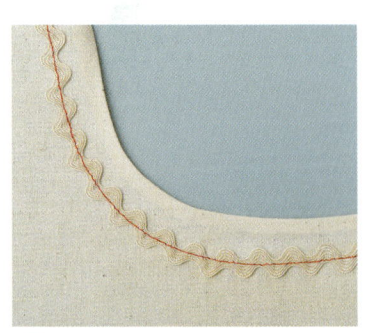

3 めうちで押さえながらテープの中央にミシンをかける。

花のテープをカーブさせてつける

衿ぐりの中心と花の中心を合わせると、きれいに見えます。

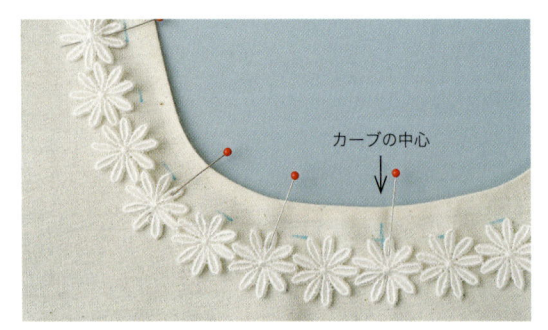

カーブの中心

1 花のテープをつける位置に印をつけ、カーブの中心に花の中心を合わせてまち針でとめる。

2 めうちで押さえながらテープの中央を縫う。

衿にレースをつける

首まわりはとくに目が行きやすい場所なので、ていねいに縫って仕上げましょう。

1 型紙に合印を入れ布に写しておく。

2 レースにしつけミシンをかけ、下糸を引いてギャザーを寄せる。

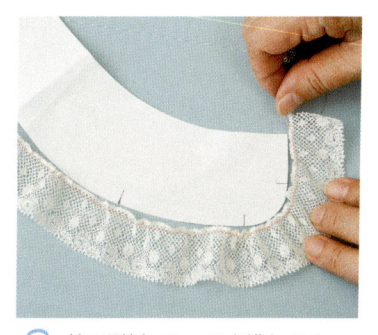

3 衿の型紙にレースを沿わせる。

4 写真のように、カーブでレースが立ち上がってしまうときは分量が不足している。衿の形に合わせ、ギャザーを増やす。

5 型紙の合印をレースに写す。

6 レースに合印をつけたところ。

7 レースと表衿布を中表に合わせ、合印を合わせてまち針でとめる。

8 レースのギャザーのきわにアイロンをかける。このときレースを縫い込まずに縫うために、レースが衿の内側にくるよう、押さえながらアイロンをかける。

9 カーブのところは、アイロンでしっかりレースのギャザー分を押さえ込む。

3章 もっと知りたい ミシン縫いのいろいろ

10 針目を大きめにし、レースの端のところにしつけミシンをかける。2で縫ったしつけミシンの糸を抜く。

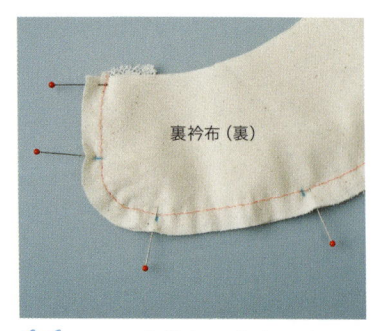

0.7cm

11 10と裏衿布を中表に合わせ、合印を合わせてまち針でとめる。必要ならばしつけをかけてもよい。

裏衿布（裏）

12 縫い代幅1cmで、めうちで押さえながら注意して縫い合わせる。

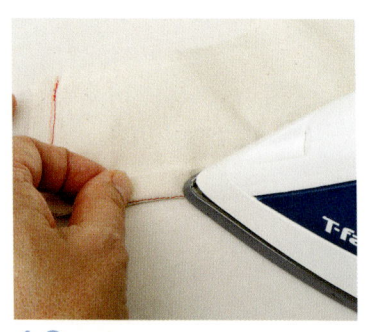

13 縫い目のきわにアイロンをかけ、縫い代を倒す。

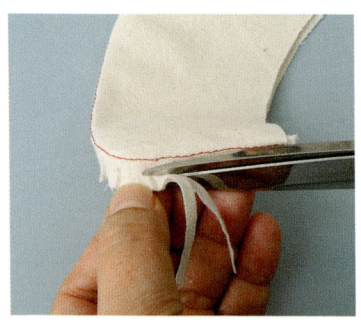

14 縫い代の幅を0.3〜0.5cmにカットする。

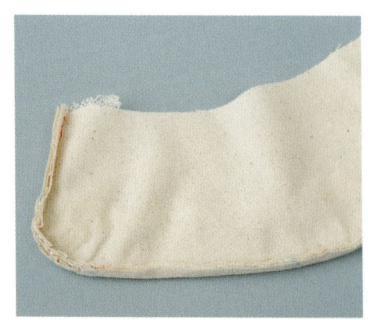

15 縫い代を切りそろえたところ。

16 表に返し、アイロンの先を使って、縫い代を押さえ、レースを整える。

17 縫い上がり（表）。

4章

ミシンで縫ってみよう

1 バケツ型のミニバッグを縫う

楕円形の底がついたかわいい形のバッグ。麻の風合いを生かした飽きのこないデザインなので、お買いものやお散歩のとき持っていきましょう。

Point
バッグ口と底に接着芯をつけて丈夫にします。底は直線とカーブを合わせるので、p.91を参照して上手に縫い合わせましょう。

でき上がりサイズ
側面　29cm×17cm
底　　23cm×10cm
持ち手　1.5cm×35cm

バケツ型バッグの寸法図　○囲みの数字は縫い代寸法です

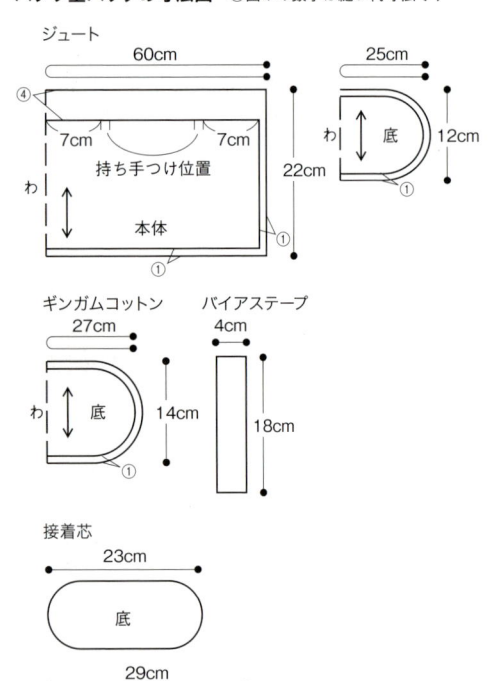

ジュート
60cm / 25cm / 7cm / 7cm / 22cm / 12cm
持ち手つけ位置
わ / 本体 / 底

ギンガムコットン
27cm / 14cm
わ / 底

バイアステープ
4cm / 18cm

接着芯
23cm / 底
29cm / バッグ口(2本) / 2cm

材料
表布／ジュート(本体・底)
別布／ギンガムコットン(バイアステープ・底)
接着芯(本体・底)
革テープ(持ち手)　幅1.5×長さ35cm　2本
革テープ(ボタンを留めるひも)幅0.3cm×長さ23cm
革のボタン　直径2.5cm　1個
60番のミシン糸

道具
14号のミシン針、めうち、シリコン剤(→p.45)

型紙を写し(底用)、布を裁つ
ジュート(本体用)は中表に二つ折りにし、バッグ口は4cm、ほかは1cmの縫い代をつけて裁つ。ジュート(底用)とギンガムコットン(底用)は巻末の型紙を使い、1cmの縫い代をつけて裁つ。バイアステープはp.91を参照して裁つ。接着芯の底用は巻末の表布用型紙に縫い代をつけずに裁ち、麻布(底用)の裏面に貼っておく。

持ち手をつける

1 バッグ口の裏に接着芯を貼り、縫い代を三つ折りにする。

2 p.127-2〜5を参照して、持ち手を2本とも縫いつける。右のようにミシンをかける。

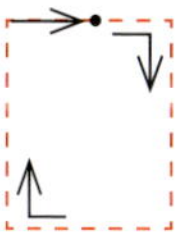

厚手の革は手ではずみ車を回して縫う

持ち手部分が縫いにくい場合は、フットコントローラーではなく、はずみ車を手で回して縫い進めたほうがきれいにできるでしょう。また革の縫い合わせる部分にシリコン剤をつけると針通りがよくなります。

脇を縫う

3 布を中表に合わせ、まち針で脇をとめる。上端から4cmの位置にバイアステープを置く。

4 布とバイアステープを一緒に脇を縫う。

5 テープで縫い代をくるみ、アイロンをかける。余ったテープはカットする。

6 端ミシンをかけて押さえる。縫い代の上端を斜めにカットする。

7 上端から4cmの縫い代に切り込みを入れ、切り込みから上の縫い代を割る。脇の縫い代をアイロンで片側に倒す。

革テープをつける

8 片側の持ち手の中間の縫い代にめうちで穴をあける。

9 革テープを通し、結び目を作る。

バッグ口・底を縫う

10 バッグ口を三つ折りにしたところ。

11 バッグ口に表からステッチをかける。持ち手部分が縫いにくい場合は、はずみ車を手で回して縫うとよい。

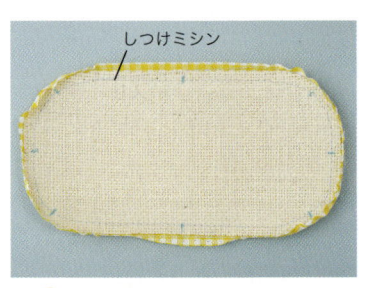

12 ギンガムコットンの上に、接着芯を貼った底布を重ねてしつけミシンをかける。

13 底布を中表にし、本体と合印を合わせてまち針を打つ。

14 底を縫い合わせる。

15 ギンガムコットンで縫い代をくるむようにアイロンをかける。くるんだギンガムコットンの端にジグザグミシンをかける。

仕上げ

縫い上がり（表）。

縫い上がり（裏）。

革テープ（9）と反対側の中央にボタンをつける。

縫い上がったバッグの内側（表）。

バケツ型のミニバッグの完成。

2 子どものワンピースを縫う

ノーカラー、ノースリーブの子どものワンピースは、ソーイング初心者にもおすすめ。衿ぐりや袖ぐりに伸びどめテープを貼り、ポケット口には力布をつけ、何回着ても形くずれや傷みのないように作りましょう。

> **Point**
> 見返しのつけ方や、脇を縫い合わせて袖ぐりを仕上げる方法などを知っておきましょう。同じようなデザインなら、大人のものでも同じ手順ででき上がります。

材料
表布／木綿水玉プリント
接着芯
伸びどめテープ
熱接着両面テープ
ボタン　直径1cm　1個
60番のミシン糸
手縫い糸

道具
11号のミシン針、手縫い針、めうち、ハガキぐらいの厚さの紙

型紙を写し、布を裁つ
巻末の型紙を使います。p.40〜44と裁ち方図を参照して型紙を写し、布を裁ちます。

子どものワンピースの裁ち図
（身長100〜110cm　体重16〜19kg）
○囲みの数字は縫い代寸法です

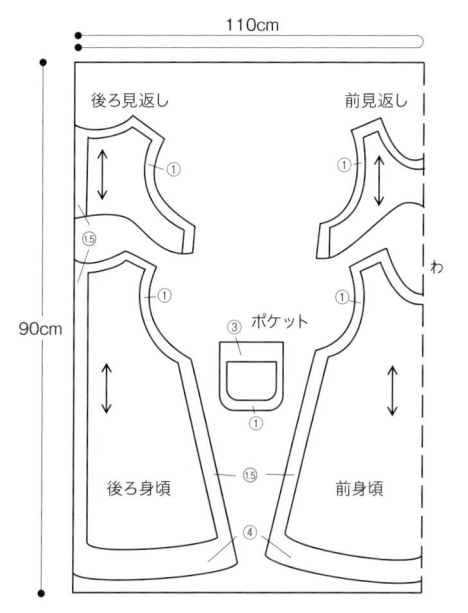

4章　ミシンで縫ってみよう　子どものワンピースを縫う

1　接着芯を貼る・脇にジグザグミシンをかける

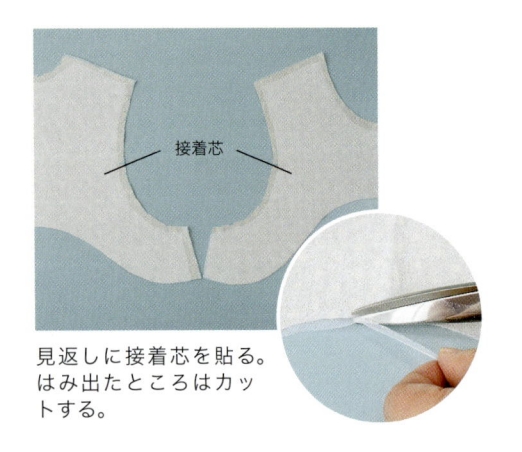

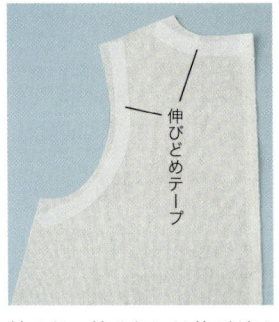

見返しに接着芯を貼る。はみ出たところはカットする。

袖ぐり、衿ぐりには伸びどめテープを貼る。

身頃の脇に、裾から上方向にジグザグミシンをかける。

2　見返し、身頃の肩を縫う

身頃の肩、見返しの肩をそれぞれ縫い合わせる。

縫い代が重なるので、身頃、見返しの縫い代の端を切り落とす。

縫い合わせた見返しと身頃の肩の縫い代を割る。

3　衿ぐり、袖ぐりを縫う

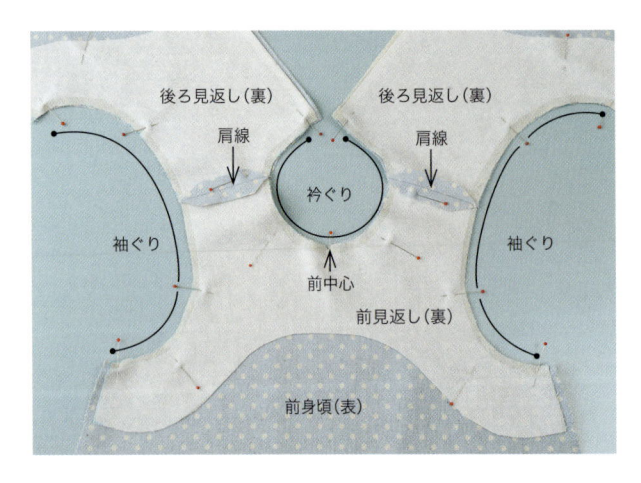

後ろ見返し（裏）
肩線
衿ぐり
袖ぐり
前中心
前見返し（裏）
前身頃（表）

身頃と見返しを中表に合わせ、それぞれの前中心、肩線を合わせてまち針を打ち、衿ぐりと袖ぐりを縫い合わせる。

まち針の打ち方としつけ

しっかりした布の場合は、縫い代から少し離れたところをまち針でとめてもOK。やわらかい布のときは、しつけをかけてからミシンで縫いましょう。

4　衿ぐり、袖ぐりに切り込みを入れる

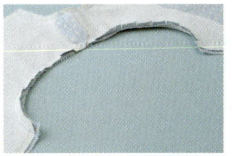

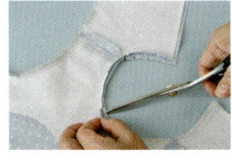

衿ぐり、袖ぐりの縫い代に切り込みを入れる（→p.68〜69）。

縫い代が重なるので、衿ぐり。後ろ中心の縫い代を三角に切り落とす。

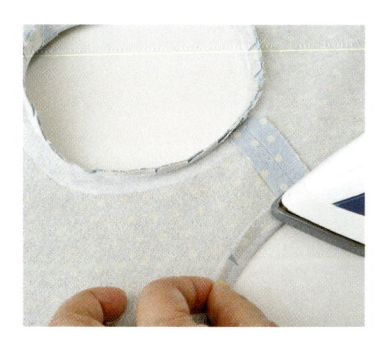

縫い目のきわをアイロンで押さえ、身頃側へ折る。ここできちんと折っておくときれいに仕上がる。

5　肩の間から身頃を引き出し、表へ返す

後ろ身頃を半分に折る。

さらに2回半分に折って芯のようにする。

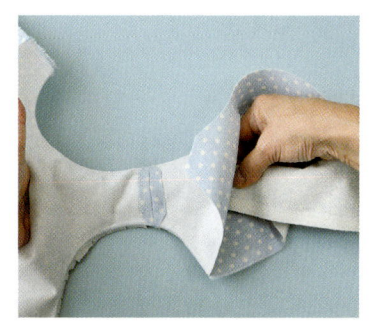

肩の間から後ろ身頃を入れる。

少しずつ引き出す。

引き出した後ろ身頃を広げたところ。

もう片方の後ろ身頃も引き出し、全体に広げ、見返し側からアイロンをかけて縫い代を整える（裏）。

4章　ミシンで縫ってみよう　子どものワンピースを縫う

6　脇を縫い合わせ、袖ぐりを仕上げる

縫い代が重なるので、袖ぐりの縫い代の端を三角に切り落とす。

見返しを広げ、袖ぐりの縫い目をぴったり合わせ、まち針でとめる。

脇と見返しの縫い代を合わせ、まち針を打つ。

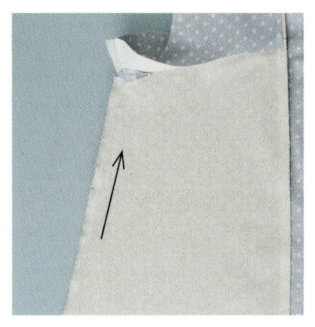

見返しと身頃の脇を、矢印の方向に続けて縫う。

縫い終わったところ。

見返しの角を三角に切り落とす。

脇と見返しの縫い代にアイロンをかけて割る。

見返しを表にしてアイロンをかけ、落ち着かせたところ。

袖ぐりにステッチをかける。袖下から縫い始め、最後はスタートした針目に2〜3cm重ねて縫う。

7 ポケットを縫う

ポケット口は三つ折りにし、縫い代が重なる部分を切り落とす。表からミシンをかけ、ポケット口を縫う。

ハガキぐらいの厚紙をポケットの型紙の丸みに合わせて切り、ポケット布の裏にあてる。

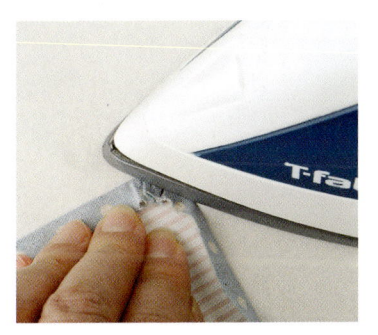

厚紙の丸みに合わせ、アイロンの先を使って縫い代を折る。

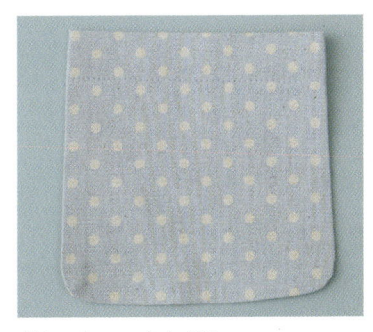

ポケットのでき上がり。

身頃のポケットつけ位置にポケットを置き、まち針でとめる。

力布を作る。1.5cm幅、長さ5cmの布に、熱接着両面テープを貼り、カットする。

前身頃の裏のポケット口の両端となる2カ所に、2cmぐらいにカットした力布を貼る。

周囲にステッチをかけて身頃につける。

4章　ミシンで縫ってみよう　子どものワンピースを縫う

8　ループ(ボタンをとめるひも)を縫う

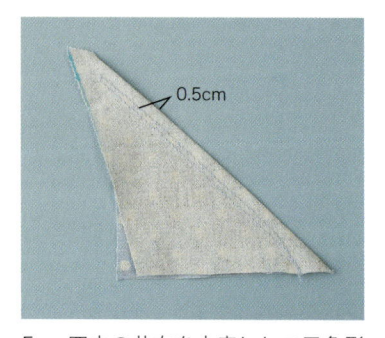

5cm四方の共布を中表にして三角形に折り、0.5cm幅に縫い合わせる。

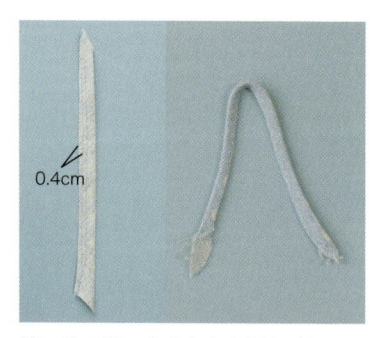

縫い代の際で余分な布を切り(0.4cm残す)、ループ返しを使って表に返し(→p.128)、ループを作る。

ボタンの大きさに合わせて、ループにミシンをかけ後ろ身頃に仮どめし、余分な部分を切っておく。

9　後ろ中心線を縫う

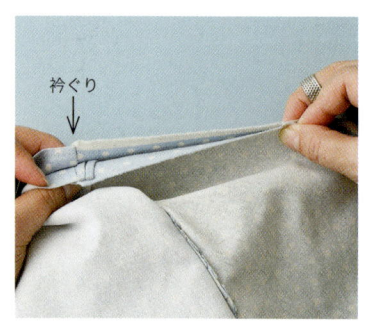

後ろ身頃を中表にし、衿ぐりをきちんと合わせ、あきどまりにまち針を打つ。

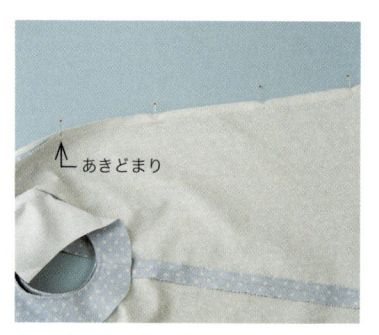

あきどまり、後ろ中心線を合わせてまち針を打つ(布が耳でないときは、ジグザグミシンをかけておく)。

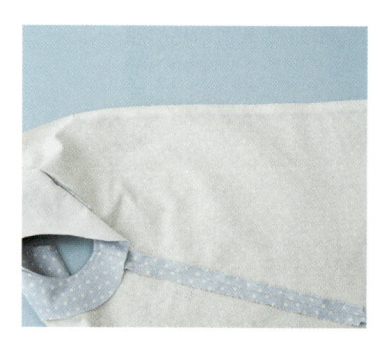

裾からあきどまりまでを縫う。

10　ジグザグミシンをかける

後ろ中心と脇の裾の部分は、縫い代幅を半分にカットすると、すっきり仕上がる。縫い代は割る。

裾にジグザグミシンをかける。

見返しの端にもジグザグミシンをかける。

11　後ろのあき部分を仕上げる

あきの部分の身頃と見返しを合わせ、まち針を打つ。

左右それぞれあきどまりまで縫い合わせる。

縫い目のきわにアイロンをかけて縫い代を折る。

表に返し、アイロンをかけ、めうちを使ってしっかり角を出す(→p.13)。

後ろの見返しの先を少しクロスさせると、あきの補強になる。アイロンで押さえる。

後ろの見返しのあきどまりと、両袖ぐりの見返しの縫い代の端をまつり縫いでとめる。

裾とあきの部分、衿ぐりに表からステッチをかけて仕上げる(後ろ)。

縫い上がり(後ろ・裏)。

縫い上がり(前・表)。後ろにボタンをつけてでき上がり。

4章　ミシンで縫ってみよう　子どものワンピースを縫う

索引 （太字は説明のあるページです）

ＡＨ（アームホール）	p.39
ＢＬ（バストライン）	p.39
ＨＬ（ヒップライン）	p.39
ＮＰ（ネックポイント）	**p.6**, p.39
ＳＰ（ショルダーポイント）	**p.6**, p.39
ＷＬ（ウエストライン）	p.39

あ

合印	**p.39**, p.41, p.44, p.68, p.70, p.71, p.82, p.90, p.91, p.130, p.132
アイロン	**p.15**
アイロン台	**p.15**
アイロンをかけにくい素材（縫い代を割る）	p.59
あきどまり	**p.6**
麻キャンバス	p.28, **p.32**
麻スラブ	p.28, **p.32**
麻ボイル	p.28, **p.32**
足踏み式ミシン	p.19
厚地	**p.12**, p.28
厚地（外カーブ）	p.66
厚地（ダーツ）	p.135
厚地のストレッチ素材（縫い代を割る）	p.57
厚手ナイロンワッシャー	p.28, **p.33**
圧縮ニット	p.28, **p.31**

い

いせる	**p.6**, p.138
糸案内	**p.18**, p.20, p.22
糸かけ	**p.19**, p.22
糸こま押さえ	**p.19**, p.20
糸立て棒	**p.19**, p.20, p.22
糸調子	**p.23**
糸通し	**p.16**
糸通し機	**p.19**, p.22
インドシルク	p.28, **p.32**

う

ウールギャバ	p.28, **p.31**
ウールジョーゼット	p.28, **p.31**
ウールモスリン	p.28, **p.31**
ウエイト	**p.16**
後ろ中心	**p.6**
薄地	**p.12**, p.28
薄地（縫う）	p.52
薄手ナイロンオックス	p.28, **p.33**
薄手ナイロンワッシャー	p.28, **p.33**
内カーブ・凹曲線（縁どり）	p.101
内カーブ・凹曲線（縫う）	p.68

裏毛	p.28, **p.32**
上糸	**p.6**, p.22, p.23
上糸テンションダイヤル	**p.18**
上どめ（ファスナー）	p.112

え

衿（レース）	p.143
衿ぐり	**p.6**, p.38
衿ぐり（伸びどめテープ）	p.36
エレメント（務歯）	p.112
鉛筆	**p.14**, p.40

お

凹角（縫う）	p.80
凹角（縁どり）	p.106
オーガンジー	p.12
置きじつけ	p.47
送り歯	**p.19**
押さえ上げレバー	**p.19**, p.51
押さえ金	**p.19**, p.50, p.53
オックスフォード	p.28, **p.30**
落としミシン	**p.6**, p.99, p.100, p.101, p.103, p.107
折り代	**p.6**
織り地タイプ（接着芯）	**p.34**
折り伏せ縫い	p.60
折り山線	**p.39**, p.41

か

ガーゼ	p.12
カーブと角（立体に縫う）	p.90
返し口	**p.6**
返し縫い	**p.6**, p.50, p.51
返し縫いボタン	**p.18**, p.50
額縁	p.85, p.87
型紙（切る）	p.41
型紙（情報）	p.41
型紙（印つけ）	p.40
型紙（配置）	p.42
かつらぎ	p.28, **p.29**
家庭用コンピュータミシン	**p.10**
家庭用電子ミシン	**p.10**
角を整える（めうち）	p.13
かのこ	p.28, **p.32**
カラ環	p.55
完全三つ折り	p.63

き

着丈（でき上がり丈）	p.38

起毛ネル･････････････････････ p.28, **p.30**
ギャザー(縫う)･･････････････････････ p.130
ギャザー(レース)････････････････････ p.143
霧吹き･･････････････････････････ **p.15**
キルティング･･･････････････ p.28, **p.33**
キルティングビー･･･････････ p.28, **p.29**
ギンガム････････････････････････ p.12
金属ファスナー････････････････ **p.112**

く
グレンチェック･････････････ p.28, **p.31**

け
毛皮･･････････････････････････ p.121
消しゴム･････････････････････ **p.14**

こ
コイルファスナー･･････････････ **p.112**
工業用ミシン･････････････････ **p.11**
コーデュロイ･････････････ p.12, p.28, **p.30**
コードレーン･･････････････ p.28, **p.30**
子どものワンピース･･････････････ p.149
コンシールファスナー････････ **p.112**, p.116

さ
裁断････････････････････････ **p.6**, p.43
サッカー･･････････････････････ p.12
サマーウール････････････････ p.28, **p.31**
三重縫い･････････････････････ p.73

し
仕上げ馬･････････････････････ **p.16**
シーチング･･･････････････････ p.12
ジグザグ縫い･････････ p.9, p.54, p.59, p.62
下糸････････････････････ **p.6**, p.21
下糸(巻く)･････････････････････ p.20
下糸(引き上げ方)･････････････････ p.23
下糸巻き押さえレバー･･････････ **p.18**
下糸巻き装置･････････････････ **p.18**
下糸巻き用糸案内･･･････････････ **p.18**
下どめ(ファスナー)･･･････････････ p.112
しつけ････････････････････ **p.6**, p.47
しつけ糸･････････････････････ **p.15**
しつけ糸(扱い方)･･･････････････ p.46
地直し･････････････････････ p.27
シフォン･････････････････････ p.12
ジュート･･････････････････ p.28, **p.32**
ジョーゼット･･･････････････････ p.12
職業用ミシン･････････････････ **p.11**
シリコン剤･････････････････ p.45, p.147
シルクジョーゼット････････････ p.28, **p.32**

印つけ････････････････････････ p.44
印つけ(めうち)････････････････ **p.13**
シングル幅･･････････････････ p.26
伸縮性のある布(縫う)････････････ **p.52**
針棒糸かけ･･･････････････ **p.19**, p.22
芯を入れたループ･･･････････････ p.129

す
垂直釜･････････････････････ p.9
水平釜･････････････････････ p.9
スカート丈･･････････････････ p.38
透ける布地(縁の始末)･･････････ p.111
スタート・ストップボタン･･･････ **p.18**
ステッチ定規･･････ **p.53**, p.57, p.63, p.71
ステッチをかける･････････････ **p.6**
スムース･････････････････ p.28, **p.32**
スライダー(ファスナー)･･･････････ p.112
スラッシュあき･････････････ p.36, p.136

せ
製図用紙･･･････････････････ **p.14**
正バイアス･････････････････ **p.26**
接着キルト綿タイプ(接着芯)･････ **p.34**
接着芯･･･････ p.34, p.35, p.126, p.147, p.150
セミダブル幅･･････････････････ p.26

そ
操作ボタン･･････････････････ **p.18**
速度調節レバー････････････････ **p.18**
外表･････････････････････ **p.6**
外カーブ・凸曲線(縁どり)･･････ p.100
外カーブ・凸曲線(縫う)･･････････ p.64
外カーブ・凸曲線と内カーブ・凹曲線(縫い合わせ)･･ p.70
ソフトデニム･････････････ p.28, **p.30**

た
ダーツ････････････････････ p.133
タイシルク･･････････････ p.28, **p.32**
正しい姿勢･･････････････････ p.20
裁ち端･････････････････････ **p.6**
裁ちばさみ･････････････････ **p.13**
裁ち目かがり･･････････････････ p.54
タック･････････････････････ p.39
タック(縫う)････････････････ p.132
たて地････････････････････ **p.26**
ダブルガーゼ･･･････････････ p.28, **p.29**
ダブルステッチ･･････････････ p.58, p.60
ダブル幅･･････････････････ p.26
玉結び････････････････････ p.48
試し縫い････････････････ **p.6**, p.23
ダンガリー･････････････････ p.28, **p.30**

157

段染め糸 · p.37

ち

力布 · **p.6**, p.81, p.153
チャコペン · **p.14**, p.40, p.42
チャコペンシル · **p.14**
チュール · p.28, **p.33**
直線(縁どり) · p.99
直線(縫う) · p.50
直線と小さなカーブ(立体に縫う) · · · · · · · · · · · · · p.91
直線と角(立体に縫う) · p.88

つ

ツイード · p.28, **p.31**
ツイル · p.12

て

テープ(ファスナー) · p.112
でき上がり線 · **p.39**
デシン · p.12
デニム · p.12, p.28, **p.30**
デニム(専用の糸) · p.12
デニム(専用の針) · p.12
手縫い糸 · p.16
手縫い針 · p.15
手縫い風(ミシン) · p.11
天竺ニット(ボーダー) · · · · · · · · · · · · · · · · p.28, **p.32**
天秤 · **p.18**, p.22

と

とがった角(縫う) · p.77
凸角(ステッチ) · p.79
凸角(縁どり) · p.102
凸角(縫う) · p.74
凸角(縫って返す) · p.75
凸角と凹角(縫い合わせる) · · · · · · · · · · · · · · · · · · p.82
凸角と凹角(厚地) · p.84
共布 · **p.6**

な

ナイロンオーガンジー · · · · · · · · · · · · · · · · p.28, **p.33**
ナイロンオックス · p.28, **p.33**
ナイロンシャー · p.28, **p.33**
中表 · **p.6**

に

ニーリフト · p.11
ニット地タイプ(接着芯) · · · · · · · · · · · · · · · · · · · **p.34**
ニット(専用の糸) · p.12
ニット(専用の針) · p.12

ぬ

縫い代 · **p.6**, p.42
縫い代(片側に倒す・片返し) · · · · · · · · · · · · · · · · p.58
縫い代(割る) · p.56
縫い目を切る・ほどく(リッパー) · · · · · · · · · · · · p.17
布送りの補助(めうち) · p.13
布目 · **p.26**
布目(通し方) · p.27
布目線 · p.26, **p.39**, p.41
布幅 · **p.26**
布用複写紙 · **p.14**, p.42, p.44

ね

熱接着糸 · · · · · · · · · · · · · · · **p.16**, p.99, p.100, p.101, p.103
熱接着両面テープ · · · · · · **p.34**, p.62, p.113, p.116, p.120, p.137

の

伸びどめテープ
· · · · · · **p.34**, p.36, p.70, p.80, p.113, p.116, p.130, p.136

は

バーバリー · p.28, **p.29**
バイアス · **p.26**
バイアステープ · **p.96**, p.97
バイアステープ(カーブの縫い代) · · · · · · · · · · · p.140
バイアステープ(市販品) · · · · · · · · · · · · · · · · · · · p.108
バイアステープ(はぐ) · p.105
バイアステープメーカー · · · · · · · · · · · · · **p.16**, p.98
パイピングテープ(市販品) · · · · · · · · · · · · · · · · · p.109
バケツ型のミニバッグ · p.146
はさみ(紙切り用) · · · · · · · · · · · · · · · · · · · **p.14**, p.40
端ミシン · p.56, p.57
はずみ車 · **p.18**, p.79, p.147
バックサテン · p.28, **p.32**
ハトロン紙 · · · · · · · · · · · · · · · · · **p.14**, p.40, p.52, p.79
花のテープ(つけ方) · p.142
針落ち穴 · p.21, p.79
針どめねじ · p.19
帆布 · p.12, p.28, **p.29**

ひ

引き手 · p.112
ビスロンファスナー · **p.112**
ヒッコリー · p.28, **p.30**
ひも · p.122
ひも通し · p.17
ピンクッション · **p.15**

ふ

ファスナー(種類・各部の名称) · · · · · · · · · · · · · p.112
ファスナーあきどまり · · · · · · · · · · · · · · · p.36, p.38, p.116

かわいきみ子

文化服装学院アパレルデザイン科卒業。服飾雑誌メーカー勤務を経て、25歳で独立。以来、雑誌などに洋服、ニット、小物などの作品を発表。また、初心者にもわかりやすいミシン縫いの指導にも定評がある。著書は『ズパッとソーイング』『裁縫箱のための布物の服(裁ち物パターン付)』『ミシンを10倍楽しむために』(文化出版局)ほか多数。

イチバン親切なソーイングの教科書

著者　かわいきみ子

発行者　富永靖弘
印刷所　廣済堂印刷株式会社

発行所　東京都台東区　株式会社　新星出版社
〒110-0016　上野2丁目24　☎03(3831)0743

© Kimiko Kawai　Printed in Japan

ISBN978-4-405-07138-4

本書の内容に関するお問い合わせは、書名・発行年月日、該当ページを明記の上、書面、FAX、お問い合わせフォームにて、当社編集部宛にお送りください。電話によるお問い合わせはお受けしておりません。また、本書の範囲を超えるご質問等にもお答えできませんので、あらかじめご了承ください。
FAX：03-3831-0902
お問い合わせフォーム：http://www.shin-sei.co.jp/np/contact-form3.html

落丁・乱丁のあった場合は、送料当社負担でお取替えいたします。当社営業部宛にお送りください。
本書の複写、複製を希望される場合は、そのつど事前に(株)出版者著作権管理機構(電話03-5244-5088、FAX03-5244-5089、e-mail:info@jcopy.or.jp)の許諾を得てください。また、本書を代行業者等の第三者に依頼してスキャンやデジタル化することは、いかなる場合も認められていません。

あ

穴通し ··················· p.27

い

糸通し ··················· **p.13**, p.44, p.64, p.66, p.71, p.76, p.78, p.86, p.90, p.91, p.123, p.130, p.144

メタリック糸 ··············· p.15
メタル糸 ·················· p.37
絹ブロード ················ p.28, p.30
絹モスリン ················ p.28, p.29
絹ロール ·················· p.28, p.29

う

薄地裏ボタン ·············· p.18
薄地しつけ ················ p.6
薄地持ち手 ················ p.127, p.128

え

山居テープ(つけ方) ········ p.141, p.142

お

抱き布 ···················· p.15, p.48

か

替え針レース ·············· p.28, p.30
かぎ針 ···················· p.26

き

ラミネート加工 ············· p.33, p.45

く

リバー ···················· p.17
リリ ······················ p.28, p.32
リバプソング― ············· p.28, p.32

け

ルー ······················ p.128, p.129
ルーズ返し ················ p.16
パイル ···················· p.14, p.44

こ

ロープ ···················· p.141

さ

ローン ···················· p.12
ワッシュリン ··············· **p.11**, p.55
※ワッシュリン ············· **p.55**

し

かぎ ······················ **p.39**, p.41, p.92, p.93, p.94, p.95, p.96
ブラシ ···················· p.28, p.30

は

ファスナー式裏 ············· p.112
フェイクファー ············ p.121
ジグザグ ·················· p.110
装飾い ···················· p.61
不織布タイプ(接着芯) ······· **p.34**
二十口 ···················· p.62
長通地 ···················· p.12, p.28
長通地 ···················· p.26
ブッシュドローラー ········· p.9, p.19
ブラシカットパスナ― ······· p.112, p.113, p.119
フリコ ···················· p.28, p.31
フリース ·················· p.12, p.28, p.33, **p.62**
フリー ···················· **p.6**, p.39
挿り口 ···················· p.9

へ

ベリソホン ················ p.28, p.31
ベルペット(裏曲げ) ········· **p.28**, p.32

ほ

ボア ······················ **p.28**, p.33
帽子、バック用タイプ(接着芯) · **p.34**
方眼定規 ·················· p.14, p.40, p.42
ポット(位置) ·············· p.41, p.44
膝物テーブル ·············· p.18
繊細 ······················ p.26
ボタンホール(リバー) ······· p.17
ボタンホール(つもり穴口) ·· p.126
はぼため ·················· p.16, p.126
ボタン ···················· p.9, **p.13**, p.20, p.21
ボタン ···················· p.12
ポンポンテープ(つけ方) ···· p.142

ま

袖中心 ···················· p.6
マグネットボタン ··········· p.53
まつり縫い ················· **p.6**, p.105, p.107, p.155
股上(大) ·················· **p.6**, p.39
股下(大) ·················· **p.6**, p.39
マチ ······················ p.92
待ち針 ···················· **p.15**, p.46, p.50

み

肩返し ···················· **p.6**
肩返し縫 ·················· **p.39**, p.41
身頃 ······················ **p.6**
ミシン糸 ·················· **p.12**
ミシンの選び ·············· p.8
ミシン針 ·················· **p.12**, p.21, p.22
ミシン油 ·················· **p.63**, p.124, p.125, p.147

む

耳 ························ p.26